Harm Paschen · Das Hänschen-Argument

Harm Paschen
Das
Hänschen-Argument
Zur Analyse und Evaluation pädagogischen Argumentierens

1988
Böhlau

CIP-Kurztitelaufnahme der Deutschen Bibliothek

Paschen, Harm:
Das Hänschen-Argument: zur Analyse u. Evaluation pädag. Argumentierens / Harm Paschen. – Wien; Köln; Graz: Böhlau, 1988.
ISBN 3-412-05188-8

Copyright © 1988 by Böhlau Verlag GmbH & Cie, Köln
Alle Rechte vorbehalten

Ohne schriftliche Genehmigung des Verlages ist es nicht gestattet, das Werk unter Verwendung mechanischer, elektronischer und anderer Systeme in irgendeiner Weise zu verarbeiten und zu verbreiten. Insbesondere vorbehalten sind die Rechte der Vervielfältigung – auch von Teilen des Werkes – auf photomechanischem oder ähnlichem Wege, der tontechnischen Wiedergabe, des Vortrags, der Funk- und Fernsehsendung, der Speicherung in Datenverarbeitungsanlagen, der Übersetzung und der literarischen oder anderweitigen Bearbeitung.

Gesamtherstellung: Hans Richarz Publikations-Service, Sankt Augustin
Printed in Germany
ISBN 3-412-05188-8

INHALTSVERZEICHNIS

Vorwort — VII

I. Identifikation — 1

1. Der klassische Schluß — 1
2. Der progressive Schluß — 12

II. Anwendungen — 20

3. Progressive Informationen — 20
4. Progressive Vermittlungen — 32
5. Progressive Sozialformen — 40
6. Progressive Weltanschauungen — 44

III. Analyse — 49

7. Argumente — 49
8. Das vollständige Analyse–Schema — 67
9. Stützungen — 75
10. Relativierungen des Hänschen–Arguments — 89

IV. Diskussion und Evaluation — 95

11. Zur systematischen Gültigkeit des Hänschen–Arguments — 95
12. Regulative Gültigkeit des unvollständigen Arguments — 113
13. Erziehungswissenschaftliches Argument — 122

Anmerkungen — 128

Literaturverzeichnis — 141

VORWORT

Nach der Lektüre von "Topik und Jurisprudenz" von Theodor Viehweg[1] schien es mir lohnend, auch Pädagogiken, wie ich sie in meiner Logik der Erziehungswissenschaft[2] beschrieben habe, als argumentativ gestützte Phänomene zu betrachten, die mit ihren pädagogischen Argumenten stehen und fallen. Dieses Verständnis war dort auch schon angelegt[3] und stellt eine notwendige Ergänzung des Ansatzes dar.

Obwohl um Pädagogiken seit jeher viel und heftig argumentiert wird, war es doch überraschend, über das pädagogische Argumentieren selbst wenig spezielle Literatur[4] zu finden. Sie war entweder noch nicht an neuerer Argumentationstheorie oder nicht bereichsspezifisch orientiert. Sie hielt auch noch nicht das pädagogische Argumentieren für ein konstitutives Phänomen, wie dies neuere Arbeiten zumindest andeuten[5].

Vorarbeiten machten nun deutlich, daß hier ein weites Feld zu bearbeiten ist und für Gesamtdarstellungen und sei es nur der Aufgaben nicht nur Identifikationen und Benennungen pädagogischer Argumente zu leisten, Analyse- und Evaluationsinstrumente, Klassifikationen und Logik der dialektischen Beziehungen zu entwickeln sind, sondern vor allem der empirische Unterbau, die Erfassung des tatsächlichen pädagogischen Argumentierens in historischer, thematischer und systematischer Perspektive fehlt.

Ich habe daher anstelle einer Theorie oder Systematik pädagogischer Argumente die exemplarische Darstellung eines Arguments zum Einstieg gewählt, die wegen der Entwicklung der Betrachtungsweise und Instrumente auch ausführlicher ausfallen mußte als vielleicht spätere Darstellungen weiterer Argumente. Sie wird daher auch in zweifacher Weise kritisch zu lesen sein: im Hinblick auf die allgemeine Vorgehensweise (z.B. ABCDE-Schema) und im Hinblick auf die Darstellung und Beurteilung des Hänschen-Arguments.

Das Buch ist vor allem als eine erste Anregung geschrieben, Erziehungswissenschaft und ihre Pädagogiken argumentationstheoretisch zu betrachten und so eine Möglichkeit zu versuchen, das konstitutiv so instabile, von anderen Wissensbeständen so abhängige und mit eigenen Theorien und Begriffen so schwer zu verdichtende pädagogische Wissen zu stabilisieren, disziplinieren und zu begründen.

Hierfür wird der im Aufbau befindliche Bielefelder Katalog pädagogischer Argumente (dankenswert gerade von der DFG finanziert) eine wichtige Unterstützung sein. Hierzu laden auch weitere geplante Arbeiten zum pädagogischen Argumentieren ein.

Die Absicht dieser etwas pedantischen Untersuchung ist aber nicht, die pädagogische Diskussion durch argumentative Vorschriften ihrer spontanen Lebendigkeit zu berauben, was wohl auch nicht möglich ist. Sondern für sie wie für den erziehungswissenschaftlichen Diskurs (von dem verdächtig oft die Rede ist) die Kenntnis der dabei zu verwendenden pädagogischen Argumente zu erhöhen.

Das Hänschen–Argument soll so als erstes einer wahrscheinlich begrenzten Menge pädagogischer Argumente identifiziert, benannt und nach seinen Voraussetzungen und begrenzten Verwendungsmöglichkeiten auch im Hinblick auf seine Alternativargumente beschrieben werden.

Für Hilfen bei diesem Buch bin ich Frau Heike Aselmann, Frau Christine Mietz und Herrn Uwe Keilpflug (Suche nach Hänschen–Argumenten), den Teilnehmern zweier Argumentationsseminare, insbesondere aber Herrn Hans–Ulrich Musolff und Herrn Dr. Lothar Wigger für Diskussion und Materialhilfen zu Dank verpflichtet. Ohne die Kenntnisse, unermüdliche Mühe und Sorgfalt von Frau Elisabeth Finnemann wären nach den vielen Abänderungen der endgültige Text und Computerausdruck nicht zustande gekommen.

Harm Paschen

Bielefeld, im Mai 1988

I. IDENTIFIKATION

In den ersten beiden Kapiteln verfolge ich eine allmähliche Annäherung an die Fragestellung. Daher wird zunächst mit Beispielen der Gegenstand — ein pädagogisches Argument — identifiziert, benannt und die Unterscheidung zwischen seinem klassischen und progressiven Inhalt getroffen. Dazu werden Fragen nach seiner pädagogischen Bedeutung, Zweifel an seiner Vollständigkeit und erziehungswissenschaftlich unkontrollierten Verwendung eingeführt. Erst später (Kp. 7) wird das hier noch Hänschen−Schluß genannte Argument auch argumentationstheoretisch präziser eingeführt und verwendet, wobei dann zwischen Argument, *Argument und 'Argument unterschieden wird. Bis dahin wird Argument im umgangssprachlichen Sinne und Hänschen−Schluß gebraucht.

1. Der klassische Schluß

"Was Hänschen nicht lernt, lernt Hans nimmermehr" ist eine alte, heute noch bekannte Redensart[1], die sich bei pädagogischer Gelegenheit mit zwei unterschiedlichen Absichten anbringen läßt: als empirisch bestätigte Regel oder als programmatisches Argument.

Während wir diese alte pädagogische Spruchweisheit als geprüfte Tatsachenbehauptung in wissenschaftlichen Werken der Pädagogik oder Pädagogischen Psychologie vergeblich suchen — weder läßt sich ihre undifferenzierte Allgemeinheit empirisch sichern noch lohnt es sich, sie zu widerlegen —, lebt sie doch sprachlich und mag bei passender Gelegenheit durch ein Beispiel alltagspädagogisch als Regel bestätigt, ausgesprochen oder gedacht werden, im Sinne von: "Das zeigt doch, daß die alte Regel richtig ist!"

Mit solcher, die Regel bestätigenden Zustimmung, die dabei weder an Gegenbeispiele denkt noch entgegengesetzte Redensarten bedenkt, verrät sich eine, durch das Beispiel bestätigt fühlende "Pädagogik der frühen Erziehungsnotwendigkeit".

Solches, von Schadenfreude und Sadismus nicht freies Rechthaben gewinnt mit dem redensartigen Zitat einer alten und daher als bewährt geltenden Erziehungsweisheit zugleich ein konservatives Argument für die Berechtigung früher Erziehungsanforderungen an das Kind: "Früh krümmt sich, was ein Häkchen werden will."

Unser Satz kann also auch eine Erziehungsabsicht argumentativ stützen, wobei die Stützung in nichts weniger, aber auch nichts mehr besteht als in der Autorität der Redensart.

So wie die Regel als Argument dienen kann, können Regel und Argument als Prämissen zu einem Schluß führen: dem Hänschen−Schluß:

> Weil Hans (x) können muß und
> weil Hans (x) nimmermehr lernen kann,
> muß folglich Hänschen (x) lernen

Dieser Hänschen−Schluß kann nur für solche Inhalte gelten, für die diese Prämissen aufgestellt und gestützt werden können. Die Redensart selbst aber ist inhaltsleer oder inhaltsneutral. Daher kann sie selbst weder als Regel noch als Argument noch als Schluß explizite und inhaltsspezifische Stützungen liefern.

Nun kann man dem Wahrheits− und Wirklichkeitsgehalt einer pädagogischen Redensart nachgehen, wie dies zum Beispiel F. Blättner es mit dem Satz "Lehrjahre sind keine Herrenjahre" getan hat[2], aber das ist hier nicht mein Thema.

Ich verwende unsere pädagogische Redensart nur zur Bezeichnung eines pädagogischen Schlusses (Hänschen−Argument), der historisch und gegenwärtig in der Pädagogik verwendet worden und in unterschiedlichen thematischen Kontexten zu finden ist, ohne daß dabei unsere Redensart erwähnt ist.

Man muß aber an sie denken, wenn man immer wieder auf pädagogische Programme stößt, die im Kern das Argumentationsschema

> Weil (x) für Erwachsene wichtig ist,
> müssen (x) schon Kinder "lernen"

enthalten.

Sofern (x) nun einen Inhalt betrifft, der in einer Gesellschaft allgemein akzeptiert und zu verwirklichen versucht wird, von dem aber angenommen und verlangt wird, er müsse schon als Kind erworben werden, will ich vom *klassischen* Hänschen−Schluß sprechen.

Ich unterscheide davon einen *progressiven* Hänschen−Schluß, wenn der Inhalt erst gesellschaftlich allgemeingültig werden soll, dadurch, daß er schon Kindern vermittelt wird. Diesen werde ich im Kapitel 2 behandeln.

Klassisch können wir diese inhaltliche Gruppe von Hänschen−Schlüssen auch deswegen nennen, weil sie historisch früher auftreten, weil sie systematisch eng mit der Notwendigkeit von Erziehung überhaupt verknüpft sind und weil sie bis heute immer wieder vertreten werden.

Inhaltlich werden die Schlüsse, wie wir an den nachfolgenden Beispielen sehen können, zwar auf unterschiedliche Themen angewandt, diese besetzen aber alle den Bereich einer grundsätzlichen Orientierung der sittlichen Lebensführung: Weil (x) eine wichtige Grundorientierung des (erwachsenen) Menschen ist, müssen schon Kinder an ihr orientiert werden:

Notwendige Erziehung:

"Es ist aber schwer, von Jugend auf die richtige Hinführung zur Tauglichkeit zu finden, wenn man nicht unter daraufhin angelegten Gesetzen aufwächst ..." (Aristoteles)[3]

"All diesen Übeln wird wesentlich vorgebeugt, wenn man mit der Erziehung der Mädchen von ihrer zartesten Kindheit an beginnt." (Fénelon)[4]

"Es gehörte ein Wunder, eine Abweichung vom gewöhnlichen Gange der Natur dazu, wenn so erzogene Kinder nicht in reifen Jahren den von der Obrigkeit gegebenen, von Konsistorien und Predigern empfohlenen Verbesserungen von selbst die Hand bieten sollten ..." (Dinter)[5]

"In dieser Phase müssen also — analog den ursprünglichen Zwängen der Natur — Forderungen gestellt werden." (Cube u. Alshuth)[6]

Christlichkeit

"Erziehe einen Kämpfer für Christus und lehre ihn, auch in der Welt gottesfürchtig zu leben von frühester Jugend an." (Chrysostomos)[7]

"Dabei aber zu merken, (a) daß nicht alle Anweisung zur christlichen Lehre bis dahin zu versparen, da die Kinder selbst geschickt sind, den Catechismum zu lesen (...), sondern daß ihnen der Anfang der christlichen Lehre gleichsam mit der Muttermilch einzuflößen sei ..." (Francke)[8]

Gehorsam

"Darum soll das Kind frühe zum strengen, pünktlichen, buchstäblichen, unbedingten Gehorsam angehalten werden." (Diesterweg)[9]

Unzucht (Onanie)

"Man hüte daher Kinder von der Wiege an vor allem, was dem gewöhnlichen Sprachgebrauch auch Verzärtelung heißt." (Oest)[10]

Bürgerbildung

"Ich suche früh bei meinen Zöglingen die Begierde, sich Eigenthum zu erwerben, zu erregen." (Salzmann)[11]

Erziehung zum Stand

"Der Arme muß zur Armut auferzogen werden. (...) Denn es ist in allweg Wahrheit, daß jeder Stand des Menschen seine Jugend vorzüglich in den Einschränkungen, Hemmungen, Beschwerlichkeiten seiner alten Tage üben soll ..." (Pestalozzi)[12]

Beförderung der Industrie (Arbeitspädagogik)

Die Kinder sollen "... die ihnen angewiesene Arbeit nicht bloß mit einiger Fertigkeit, sondern auch in möglichster Schnelligkeit, mit möglichster Geschicklichkeit, so gut, sauber und schön, als möglich machen ..." (Campe)[13]

Patroitismus

"Wer in der Jugend keine besonderen Übungen in der Selbstverleugnung zum gemeinschaftlichen Besten gehabt hat, der wird in seinem Leben kein wahrer Patriot ..." (Basedow)[14]

Wissenschaftliche Bildung (Antike Rhetorik)

"Warum sollte aber wissenschaftliche Bildung noch nicht in das Alter gehören, in das sittliche Bildung schon gehört. (...) Was ein jeder lernen muß, das fange er nicht zu spät an." (Quintilian)[15]

Diese wenigen Belege für das Argumentieren mit dem klassischen Hänschen–Schema (Regel, Argument, Schluß) will ich zunächst für ausreichend halten, um im folgenden vorzuführen, welche Fragestellungen zur erziehungswissenschaftlichen Diskussion des Schlusses behandelt werden sollten. Dabei sollen die historischen Situationen und ihre Bedingungen nicht unser Gegenstand sein, sondern die Explikation der pädagogischen Argumentation.

Für die systematische Diskussion des klassischen Hänschen–Schlusses sind zunächst die Bestandteile der Argumentation zu analysieren: Argumente, Stützungen, Anlässe (Defizite), Schlußformen und Relativierungen.

Danach können die Gesichtspunkte einer pädagogischen Evaluation entwickelt werden. In diesem Einleitungskapitel werde ich für den klassischen Hänschen-Schluß die wichtigsten Aspekte kurz diskutieren, die in den weiteren Kapiteln ausführlicher dargestellt werden.

Fragt man nun nach den Argumenten für den jeweiligen klassischen Hänschen-Schluß, so erwartet man Argumente für die beiden oben genannten Prämissen:

1. Argumente dafür, daß (x) für den erwachsenen Hans notwendig ist
2. Argumente dafür, daß (x) für Hans nicht mehr lernbar ist

Nicht unbedingt erwartet werden kann, daß die pädagogischen Argumentationen überhaupt einem expliziten formalen Schema folgen. Es sollte aber festgehalten werden, daß dies bis heute auch nicht der Fall ist.

Die Argumente müssen daher im jeweiligen Text erst aufgefunden werden, und es muß sein Argumentationsschema *rekonstruiert* werden. Dieses läßt sich dann später zu einem idealtypischen vollständigen Argumentationsschema zur Evaluation in Beziehung setzen.

In den untersuchten Texten lassen sich vier Gruppen von Argumenten finden:

1. Argumente dafür, daß (x) deswegen schon früh vermittelt werden muß, weil (x) eine lange und gegenteilige Orientierungen ausschließende *Gewöhnung* verlange:

> "Wenn diese Kinder bei armen Eltern in armen Hütten lebten, so würden sie notwendig an alle diese Einschränkungen so gewöhnt, daß sie ihnen nicht beschwerlich würden; sie würden unter diesen Beschwerlichkeiten ruhig und glücklich leben können." (Pestalozzi)[16]

> "Wie ein Knabe gewöhnt wird, so läßt er nicht davon, wenn er alt wird." (Diesterweg)[17]

> "Frühzeitige Angewöhnung ..." (Oest)[18]

2. Argumente dafür, daß (x) schon früh vermittelt werden muß, weil Kinder noch *leicht formbar* seien:

> "... so gebe man die Alten auf und schränke seinen Fleiß auf denjenigen Stoff ein, der noch bearbeitet werden kann, weil er noch nicht abgehärtet ist." (Campe)[19]

> "Prägt man die guten Lehren in die Seele ein, solange sie noch zart ist, so wird niemand sie herauszureißen vermögen, sobald sie fest geworden sind, ..." (Chrysostomos)[20]

3. Argumente dafür, daß (x) schon früh vermittelt werden kann, weil Kinder *imstande* seien, (x) zu erfassen:

> "Verlieren wir also nicht gleich die erste Zeit; um so weniger, als die Elemente der Wissenschaft allein auf dem Gedächtnis beruhen, das im Kindesalter nicht nur schon vorhanden, sondern hier gerade am treuesten ist." (Quintilian)[21]

> "..., da die Kinder selbst geschickt sind, den Catechismum zu lesen ..." (Francke)[22]

4. Argumente dafür, daß (x) schon früh vermittelt werden muß, weil man bei Nichtbeachtung *unheilvolle Folgen* bei den Erwachsenen beobachten kann:

> "Ja, wäre es möglich, die Hoffart und die Kirche leibhaftig vor Augen zu sehen, dann bekäme man ein Mitleid erregendes Schauspiel zu sehen, weit schlimmer als die Kämpfe im Amphitheater: ..." (Chrysostomos)[23]

> "Die öffentliche Glückseligkeit aller mir bekannten Länder wird auf eine erstaunliche Weise weiter abnehmen, wenn die Ratgeber ... nicht bald inne werden ..." (Basedow)[24]

> "Ein Mensch, der das Gehorchen nicht gelernt hat, erfüllt nirgends seine Pflicht; er lebt seinen Launen; er gehorcht Gott und sich selber nicht, und wer sich selbst, d.h. seiner Vernunft nicht gehorcht, wird auch nie andere zum Gehorsam bewegen." (Diesterweg)[25]

> "Wie mancher Knabe welkte in seiner ersten Blüte dahin, und ihr betrauert ihn, als einen guten Knaben, den der Himmel früh abforderte." (Oest)[26]

Schon aus den wenigen Beispieltexten läßt sich das allgemeine Argumentationsschema des klassischen Hänschen−Schlusses rekonstruieren.

Ausgegangen wird meist von einem für eine Gesellschaft (seltener für ein Individuum) nachteiligen Fehlverhalten bei Erwachsenen: z.B.

− Schaden für die Verfassung (Aristoteles)
− Unchristliches Leben (Chrysostomos)

- Unheil in der Welt (Fénelon)
- Abnehmende Glückseligkeit aller Länder (Basedow)
- Unchristliches Leben (Francke)
- Armut der Armen (Pestalozzi)
- Viel Jammer und Elend in der Welt (Salzmann)
- Mangel an industriösen Unterthanen (Campe)
- Unglück und Wende zur Wollust (Oest)
- Oppositions— und Widerstandsgeist (Diesterweg)
- Feindschaft des Volkes gegen Verbesserungen (Dinter)

Darauf wird, in systematischer Folge, mangelnde oder mangelhafte Erziehung als Ursache angesehen. Gefordert wird eine frühe Erziehung, weil (x), dessen Mangel die Defizite verursacht, frühe Gewöhnung verlange, eine frühe Formung besser und leichter sei, (x) früh vermittelt werden könne, damit man die unheilvollen Folgen vermeide.

Zusammenfassend läßt sich etwa folgendes Argumentationsschema rekonstruieren, dem dann die jeweiligen Argumente zugeordnet werden können:

1. Eine Defizitprämisse: Es gibt ein wichtiges Fehlverhalten bei Erwachsenen

2. Eine Ursachenprämisse: Mangelnde oder mangelhafte Erziehung oder zu späte Erziehung ist Ursache

3. Eine Praxisprämisse: Die vorgeschlagene Früherziehung führt nicht zu dem Defizit

4. Hänschen—Schluß

Ein solches Argumentationsschema wird aber, wie ich schon sagte, nicht explizit vorgeführt. Es gibt auch keinesfalls für jede Prämisse Argumente. Häufig gilt ihre reine Behauptung als ausreichend, ihre Wirklichkeit und Wahrheit wird als selbstverständlich vorausgesetzt. Ebenso selbstverständlich gelten die Argumente. Selten wird es für notwendig gehalten, diese durch Stützungen zu sichern.

Wenn Stützungen auftauchen, werden eher vertraute Bilder im Analogieschluß evoziert

z.B. vergleicht Chrysostomos die frühe Formbarkeit des Kindes mit weichem Wachs oder

Basedow fragt: "Wie solle diese herrliche Pflanze aufwachsen, wenn wir ihren Samen nicht aussäen?"

als daß verläßliche Daten, Regeln, Gesetze angeführt werden. Ebenso selbstverständlich gilt, daß die angeführten Mängel auch wirkliche Defizite sind.

Wir werden später noch sehen, daß nicht nur die hier genannten Selbstverständlichkeiten im Schema nicht hinreichend mit Argumenten und Stützungen abgesichert sind, sondern das rekonstruierte Schema selbst als nicht hinreichend vollständig gelten kann.

Im Vergleich mit unseren argumentativen Erwartungen finden sich in den Texten praktisch keine Argumente dafür, daß (x) für Hans nicht mehr erlernbar sei.

Dies mag sogar für uns noch, was die Manieren und fundamentalen Gesittungen, die "Kinderstube" eben, betrifft, als selbstverständlich gelten, aber interessanterweise wird dies auch angenommen für Orientierungen, bei denen der Autor selbst erst als Erwachsener eine Konversion erlebte (z.B. Chrysostomos, Francke).

Es darf auch nicht übersehen werden, daß die Gewöhnungs−, Formbarkeits− und Fähigkeitsargumente für die Früherziehung eher die Erleichterung der Pädagogik betonen

"Und dann werden sie also nicht mehr nötig sein, die Kunstgriffe, die den Lehrer entehren ..." (Dinter)[27]

als die Unmöglichkeit des späteren Lernens, dieses verlangt nur eine mühseligere und oft wenig aussichtsreiche Pädagogik: "... nur schade, daß veraltete Gewohnheiten zu leben und zu handeln nur durch fortgesetzte Übungen ausgetilgt und durch bessere Gewohnheiten langsam verdrängt werden können." (Campe)[28]

Es stellt sich allerdings die Frage, ob die Texte überhaupt argumentativ überzeugen wollen. Dies ist nicht nur ein Problem einer ahistorischen Erwartung an die Texte, sondern betrifft auch die Frage nach der Funktion der Texte.

Vergegenwärtigt man sich einerseits die jeweils vorausgesetzten moralisch−sittlichen Selbstverständlichkeiten, andererseits den appellativen, moralisierenden Stil, die rhetorischen Verweise auf Bilder und Autoritäten, die furchterregenden Schilderungen der fatalen Folgen fehlender Früherziehung und die Verheißungen der richtigen Früherziehung, dann erkennen wir in diesen Stilelementen auch eine *didaktische* Funktion der Texte.

Pädagogische Argumentationen können, da sie ja meist zu den empirisch defizitären Lernprozessen kontrafaktisch argumentieren, die Beweise für die Richtigkeit ihrer Thesen nicht allein aus der Praxis liefern, sie müssen zur Herbeiführung der praktischen Beweise selbst lehren, pädagogisieren. Eine solche Motivierung zum praktischen Tun ist natürlich von einem pathetischen Stil eher zu erreichen als von einem streng diskursiv – argumentativen.

Übersehen werden darf auch nicht eine *erbauliche* Funktion der Texte, denn das kontrafaktische Geschäft der Pädagogen bedurfte und bedarf durchaus der Tröstung und des Mutmachens:

"... einen Traum ..., welcher zuweilen wider Vermuten erfüllt wird ... Wie zusammenhängend können nicht bisweilen Träume sein, obgleich die Vorstellungen mit den wirklichen Gegenständen niemals übereingestimmt haben und vielleicht nicht übereinstimmen werden?" (Basedow)[29]

Anzusprechen sind beim klassischen Hänschen – Schluß auch Relativierungen.

Da Hänschen – Schlüsse ja einerseits Orientierungen von Erwachsenen als Inhalte einer Erziehung der Kinder fordern, andererseits ja schon lange vor Rousseau nicht unbekannt geblieben ist, daß Kinder anders als Erwachsene sind, können wir "kindgemäße" Relativierungen des Schlusses erwarten: Was Hans können soll, muß Hänschen zwar lernen, aber auf eine das Kind berücksichtigende Art und Weise.

In der Tat finden sich solche Textstellen:

"Das Lernen sei daher ein Spiel; man bittet das Kind, man lobe es und richte es immer so ein, daß es Freude hat an dem, was es tut"[30]

"...; also soll ihnen vor allen Dingen, ...aufs deutlichste und wie es die Kinder am besten begreifen können, erklärt werden."[31]

Aber es gilt, sorgfältig ihren Stellenwert zu prüfen.

Stellen diese Relativierungen den Hänschen – Schluß als solchen in Frage oder sind sie nur hierarchisch untergeordnet, also Abschwächungen rigider Forderungen an das Kind aus der pädagogischen Erfahrung des Zumutbaren?

Unsere Kenntnisse der Kindauffassungen in der Geschichte der Pädagogik lassen uns theoretisch nur Relativierungen oder echte Gegenpositionen zum Hänschen – Schluß erwarten.

Das eigentliche Interesse an der Thematisierung und Analyse des klassischen Hänschen−Schlusses zielt auf seine Evaluation. Die Prüfung auf typische Fehler dieses Schlusses und die Frage nach erziehungswissenschaftlich zu fordernden Standards des pädagogischen Argumentierens verlangen allerdings nach einer sorgfältigen und komplexen Diskussion.

Wenn wir den Hänschen−Schluß systematisch als einen typischen Schluß pädagogischen Argumentierens identifizieren können, genügt es nicht, die historischen Beispiele als überholt anzusehen und für die Gegenwart einfach für jedes Beispiel themenspezifisch die Berücksichtigung allen erziehungswissenschaftlich zugängigen Wissens zu verlangen.

So könnten für viele (x) Argumente aus der Sozialisationsforschung berücksichtigt werden. Leider hilft uns das Wissen, daß ein (x), z.B. primäre Sprachbeherrschung, als Erwachsener nicht mehr gelernt werden kann, ebensowenig wie das Wissen, daß viele Grundorientierungen sehr früh erworben werden (z.B. Urvertrauen, Sauberkeit), andere lebenslang neu erlernt werden können (z.B. ein neuer Glaube).

Weder können wir mit diesem Wissen pädagogische Argumentationen z.B. zum Frühlesen−Lernen diskutieren oder rousseauistische Ansätze beurteilen oder prüfen, ob alle Einwände gegen Hänschen−Schlüsse berücksichtigt worden sind.

Neben den jeweiligen thematisch orientierten und geprüften Argumenten bedarf es einer allgemeinen Einsicht und Kenntnis über den Hänschen−Schluß und seiner erziehungswissenschaftlich sachgemäßen Verwendung.

Insbesondere müssen vorher die für den Schluß spezifischen und für das pädagogische Argumentieren allgemeinen Evaluationsfragen diskutiert werden:

Zu den für den klassischen Hänschen−Schluß spezifischen Evaluationsfragen gehören z.B. die entwicklungstheoretischen Voraussetzungen und Einschränkungen beim individuellen Erwerb eines (x) und seiner Entwicklung, weiter das Problem echter Entscheidungen für ein (x) und die Probleme der durch Pädagogisierungen ausgelösten Widerstandsphänomene. Pädagogische Reflexionen zur "Verfrühung" und zum "Verbalismus" liefern hier ebenso mögliche Einwände, wie sie die Notwendigkeit verdeutlichen, die Evaluation des Hänschen−Schlusses grundsätzlich zu diskutieren.

Hierher gehören dann auch die allgemeinen Evaluationsfragen zum Argumentationsschema. Wir können heute von pädagogischen Argumentationen, die erziehungswissenschaftlich geführt werden, Explizität verlangen.

Beim rekonstruierten Schema des klassischen Hänschen–Schlusses fällt auf, daß es keine Diskussion von Alternativen gibt. Es fehlen Argumente zu einer Adäquatheitsprämisse, die begründen, daß die vorgeschlagenen Lösungen adäquater sind als andere, ebenfalls mögliche Lösungen.

Auch die argumentative Berücksichtigung der folgenden, von der Argumentationstheorie entwickelten pragmatischen Evaluationsfragen[32] erfordert eine Diskussion der Anforderungen an den klassischen Hänschen–Schluß:

1. Existenz: Existiert das Defizit?
2. Signifikanz: Ist das Defizit signifikant?
3. Ursache: Ist das Defizit durch den status quo verursacht?
4. Praktikabilität: Kann der Plan ausgeführt werden?
5. Lösbarkeit: Wird der Plan das Problem lösen?
6. Kosten/Nachteile: Wird die Heilung zu viel "kosten"?
7. Thematische Beziehung: Steht der Plan in direktem Bezug zur Problemanalyse?

Die Notwendigkeit einer systematischen Klärung der spezifischen und allgemeinen Standards für das pädagogische Argumentationsschema ergibt sich vor allem aus zwei Momenten des klassischen Hänschen–Schlusses: Ein wesentliches Motiv für den Hänschen–Schluß entspringt der pädagogischen Verantwortung, wenn nicht Sorge um die Zukunft der Kinder und ihrer zukünftigen Gesellschaft.

Ob die aus dieser Sorge angestrebte Sicherung durch frühe Erziehung den Erfolg gewährleistet oder aber gefährdet, muß ebenso systematisch diskutiert werden wie die aus der Sorge verständlichen emphatischen Katastrophenargumente.

Das Argument, von einer bestimmten Früherziehung hinge die gesunde Entwicklung eines Individuums oder die soziale Sicherung einer Institution ab oder sogar das Überleben der Menschheit, verlangt nach verfahrenstheoretischen Kontrollen der pädagogischen Argumentation.

Dies gilt auch für die Differenz zwischen pädagogischer und erziehungswissenschaftlicher Legitimität der didaktischen und erbaulichen Funktionen der Argumentation.

Diese Momente verschärfen sich allerdings noch bei der zweiten Gruppe von Hänschen–Schlüssen, die wir im Gegensatz zu den klassischen die progressiven Hänschen–Schlüsse nennen wollen.

Mit ihrer Untersuchung will ich daher im folgenden die Analyse und Evaluation des Hänschen−Schlusses auf breiterer Grundlage fortführen.

2. Der progressive Schluß

Progressive Hänschen−Schlüsse will ich solche Hänschen−Schlüsse nennen, in denen ein bestimmter Inhalt (x) (ein Verhalten, eine Fähigkeit, eine Orientierung) für eine zukünftige Gesellschaft bestimmend werden soll dadurch, daß schon Kindern (x) vermittelt wird.

Typische Beispiele für (x) können aus der Gegenwart z.B. Computerbeherrschung, Friedensfähigkeit, ökologisches Denken sein.

Aber der progressive Hänschen−Schluß ist nicht nur in der Moderne zu finden, sondern hat selbst schon seine pädagogische Geschichte.

Nicht zufällig tritt er seit der Aufklärung auf und ist eng mit der Geschichte des Fortschritts verbunden.

So stellt sich heute, wo wir deutlicher den Fortschritt auch als ein mögliches Verhängnis erkennen, die Frage, ob der progressive Hänschen−Schluß auch notwendig an den "Fortschritt" gebunden ist.

Da ich den progressiven Hänschen−Schluß (Hänschen−Argument) zum eigentlichen Thema des ganzen Buches machen will, soll in diesem Kapitel zunächst nur die Mentalitätsgeschichte des Fortschritts als Problemhintergrund erwähnt sowie die Beziehungen zwischen Fortschritt und Pädagogik und die inhaltliche Gliederung der Analyse und Evaluation behandelt werden.

Wenn auch der klassische Hänschen−Schluß nicht nur auf eine "Verbesserung" des Individuums abzielte, sondern auch immer auf eine Verbesserung der Gesellschaft (Nation, Volk, Religionsgemeinschaft), so war doch damit kein Fortschritt im modernen Sinne gemeint.[1]

Im Gegenteil! War doch auch für die frühen klassischen Hänschen−Schlüsse die antike Vorstellung einer Verschlechterung der Zeitalter (vom goldenen zum eisernen) und später der christlichen Eschatologie so prägend, daß eine Verbesserung durch Pädagogik nur als den Verfall verlangsamend, ihn innerlich überwindend und im Blick auf die Auferstehung und das Ewige Leben als aufhebend gedacht werden konnte.

Der Gedanke, daß Wissenschaft und Künste selbst fortschreiten, war allerdings schon der Antike nicht fremd. Während für Plato noch der Fortschritt eine Abkehr vom hesiodischen, "goldenen Zeitalter" als dem ursprünglichen Stand des Menschen darstellte und zum Programm einer philosophisch—pädagogischen Wiederherstellung und Stabilisierung führte, beurteilt Aristoteles dies als sinnlos: bewegen sei das Bessere (...); die ursprünglichen Bräuche und Sitten seien wahrhaft primitiv und barbarisch gewesen."[2]

Aber noch bei Lucretius bleibt der Fortschritt dem nicht verfügbaren Kosmos untergeordnet: "Möge Fortuna (...) es uns ersparen, daß unsere Vernunft nicht auch durch die Erfahrung über den Untergang der Weltordnung belehrt werde."[3]

Ähnlich wie wir heute noch die Geschichte des Fortschritts eingebettet sehen in die unabänderlichen Gesetze des Weltalls, der Evolution und Ökologie und damit noch Grenzen des Fortschritts anerkennen, stellt doch allein der Fortschritt der Erkenntnisse als neues Wissen Material für progressive Hänschen—Schlüsse zur Verfügung. Nämlich, den Fortschritt des Wissens dadurch zu fördern, den Kindern schon von Anfang an das neue richtige Wissen zu vermitteln. Beispiele hierzu werde ich im Kp. 3 bringen und im Zusammenhang mit reaktiven Gegenpositionen (z.B. die Kulturstufentheorie) in Kp. 11 diskutieren.

Fortschritt im christlich—patristischen Sinne (z.B. bei Augustin) beinhaltete immer ein Fortschreiten auf Gott zu (als irdische Pilgerfahrt) und als politisch—pädagogisches Programm bleibt nur Reinigung, Vollendung im Glauben.

Die metaphorische Gleichsetzung der Lebensalter des Menschen mit den Zeitaltern der Menschen enthält das pädagogische Programm der rechten Erziehung auf dem christlichen Wege vom Zeitlichen zum Ewigen.

Die kindliche Entwicklung als Modell der Menschheitsentwicklung scheint eine Gegenargumentation zum progressiven Hänschen—Schluß zu beinhalten, wenn den heutigen Kindern die Inhalte der Alten zugeordnet werden und umgekehrt. Aber dies muß nicht notwendig so sein. Aus der kindlichen Entwicklung läßt sich auch ein logisch—normatives Modell der Gesellschaftsentwicklung ableiten, so wenn Habermas die kindliche Entwicklung des Denkens zur Reversibilität als Entwicklungsziel einer jetzt noch egozentrischen Gesellschaft versteht[4]. Eine kritische progressive Pädagogik kann dann diese kritische Orientierung schon den Kindern zur progressiven Entwicklung der Gesellschaft vermitteln.

Die Entwicklung der Fortschrittsidee über R. Bacon bis zu F. Bacon und den französischen Enzyclopädisten ist ein wachsendes Bewußtsein von der Neuigkeit der Entdeckungen und Erfindungen, von der Unterlegenheit der Alten und von der notwendigen Kritik an der Autorität der Lehrtradition.

Damit geht einher eine Umwertung des "Wissensalters" der Autoritäten: "Hierin ist es begründet, daß auf dem Wege des Fortschritts die Späteren im Verhältnis zur Welt die Älteren sind und nicht diejenigen, die von uns her gesehen die Alten heißen."[5]

Diese Vorstellung entwickelt dann gegenüber dem historischen Verständnis vom pädagogischen Verhältnis zwischen Alten und Jungen ihre Modernität bis zum "postfiguralen Verhältnis der Generationen" bei M. Mead. Die Alten lernen von den Jungen, sozusagen eine Extremposition des progressiven Hänschen–Schlusses: Was Hans nicht kann, muß er von Hänschen lernen, weil Hänschen es schon kann.

Die historischen Hoffnungen auf Fortschritt in der Europäischen Aufklärung durch alleinige Orientierung an Wissenschaft und Emanzipation von der selbstverschuldeten Unmündigkeit des Bürgers werden durch die Französische Revolution zur sozialen Gewißheit, so bei Condorcet: "Die Betrachtung dessen, was der Mensch war und dessen, was er heute ist, wird uns zu den Mitteln führen, die weiteren Fortschritte, die seine Natur ihm noch zu erhoffen läßt, zu sichern und zu beschleunigen."[6]

Zu diesen Beschleunigern des Fortschritts muß sicher auch die Pädagogik gerechnet werden.

Nachdem mit barockem Systemdenken (z.B. im Programm der Pampädie von Comenius, allen alles ganz und das lebenslang zu lehren) die Möglichkeit und Verantwortung der Pädagogik für den Zustand der Gesellschaft und ihre Zukunft, entdeckt und als Organisationsproblem (Schulen) formuliert war, konnte die Aufklärung den Fortschrittsglauben als volkspädagogische Ideologie durchsetzen.

Aber das Verhältnis von Pädagogik und Fortschritt war nicht eindimensional.

Einerseits geriet zwar die Pädagogik mit dem wachsenden Erfolg des wissenschaftlich–technischen Fortschritts unter den Einfluß seines Weltbildes und verhalf diesem schließlich mit der ausschließlichen Orientierung der Unterrichtsfächer an den Wissenschaften zur entscheidenden Monopolstellung.

Andererseits hatte sie aber auch Anteil an der Differenzierung und Spaltung der Fortschrittsidee in einen technisch–naturwissenschaftlichen Fortschritt und einen human–sozialen Fortschritt, der immer noch auszubleiben schien. Die parteipolitische Bedeutung von "progressiv" (nach der gescheiterten Revolution von 1848) erreichte die Pädagogik erst im 20. Jahrhundert. Progressive Erziehung beinhaltete hier nicht Hänschen−Schlüsse für neue Wissensorientierungen, sondern für neue Sozialformen.

Die Pädagogik blieb aber auch jener ursprünglich christlichen, später säkularisierten Fortschrittsidee der sittlich−humanen Vervollkommnung treu, die in der Aufklärung noch identisch mit dem allgemeinen Fortschritt in der Klassik sich als Bildungsprogramm schon kompensatorisch zum Fortschritt und mit der wachsenden Fortschrittskritik verstärkt als heimliches und offenes Gegenprogramm entwickelte.

Fortschrittliche Pädagogik und Fortschritt durch Pädagogik können sehr unterschiedlichen Positionen zugeordnet werden. Progressive Orientierung an Wissenschaft und Technik ebenso wie Bildung für alle wie auch kritische Veränderung der Gesellschaft.

Als fortschrittlich kann aber auch die rousseauistische Wende der Pädagogik mit der "Entdeckung der Kindheit" verstanden werden, in der das Kind immer wieder in neuen Ansätzen dem wachsenden Zugriff der fortschrittlichen Gesellschaft zu entziehen versucht wurde und wo man den "Rückschritt" auf die "Natur" für das pädagogisch Progressive hielt.

Nicht zuletzt bedeutet pädagogischer Fortschritt die zunehmende wissenschaftlich−theoretische und −praktische Durchdringung der pädagogischen Praxis im Sinne einer empirisch−konstruktiven Optimierung und Gestaltung der Lernumwelten und ihres pädagogischen Personals.

'Pädagogisch progressiv' läßt sich also im Hinblick auf die Fortschrittsidee, ihren Differenzierungen und Entzweiungen und den kritischen Reaktionen auf ihn, sehr unterschiedlichen Positionen und Programmen zuschreiben, die untereinander wechselnde Koalitionen und Gegnerschaften eingehen konnten.

Unabhängig davon, was nun wirklich pädagogisch fortschrittlich ist und wer das zu beurteilen vermag und abgesehen von den Selbstzuschreibungen, progressiv zu sein, bleibt ein methodischer Unterschied zwischen Programmen: zwischen solchen, die den zukünftigen Fortschritt durch eine an diesem orientierte Früherziehung verwirklichen wollen, und solchen, die wie Rousseau den Fortschritt in der Befreiung des Kindes von gesellschaftlichen Zurichtungen erblicken.

Für die pädagogische Moderne scheint die utopische Argumentation, die Argumentation der Unwahrscheinlichkeit seit Rousseau (Oelkers)[7] nicht nur an praktischem

Einfluß gewonnen zu haben, sondern auch mit sehr unterschiedlichen Positionen verknüpfbar zu sein. Durch den beobachtbaren und gewollten Fortschritt wurde das noch nicht verwirklichte Progressive zum wichtigsten allgemeinen Argument und hier und jetzt in den Kindern zu verwirklichen gesucht.

Indem die Kinder im Sinne der Fortschrittsidee als die in der Menschheitsgeschichte Älteren angesprochen werden können, werden sie zu den wahren Subjekten des Fortschritts und damit auch zu seinen Garanten, die somit ihre Pädagogik erst legitimieren.

Die "Unausweichlichkeit" des Fortschritts, die pädagogisch Anpassungen oder Vorantreiben notwendig erscheinen läßt, verdeckt die selffulfilling prophecy, den klassischen Zirkelschluß dieser pädagogischen Argumentation, die das Rad der Entwicklung selbst beschleunigt. Es sei denn, ein Hänschen–Schluß erfolgt am untauglichen Inhalt.

Ist der Fortschritt aber pädagogisierbar und hat er seine eigene Dynamik bis zu einer unwiderstehlichen Wirklichkeit entwickelt, scheint es zum progressiven Hänschen–Schluß keine argumentative Alternative mehr zu geben. Das moralisch, politisch, kognitiv oder pädagogisch "Progressive" macht den progressiven Hänschen–Schluß ebenfalls realitätsbezogen und unwiderstehlich, weil es die Wirklichkeit schon legitimiert hat, die es zu seiner Begründung braucht.

Die Pädagogik des progressiven Hänschen–Schlusses aber verlangt wie jede andere Pädagogik die erziehungswissenschaftliche Analyse und Evaluation ihrer Argumente und Gegenargumente und die Bestimmung ihrer Zuständigkeiten und Grenzen.

Gegenstand unserer Untersuchung wird also nicht Progressive Pädagogik sein, weder wollen wir pädagogischen Fortschritt noch den Fortschritt durch Pädagogik behandeln. Denn nicht alles pädagogisch Progressive (oder was sich als solches einschätzt) verlangt auch den progressiven Hänschen–Schluß.

Umgekehrt müßte erst geprüft werden, ob alle progressiven Hänschen–Schlüsse auch tatsächlich "fortschrittlich" sind. Denn es gibt nicht nur, wie wir sahen, sehr unterschiedliche pädagogische Positionen zum "Fortschritt", sondern insbesondere die wachsende und pädagogisch aufgenommene Fortschrittskritik kann sich ebenfalls als "fortschrittlich" verstehen und auch progressive Hänschen–Schlüsse verwenden, wie dies z.B. bei friedenspädagogischen Argumentationen oder ökologisch orientierten Pädagogiken der Fall sein kann.

Hier wird vor allem der technologisch—wissenschaftliche Fortschritt in seinen Auswirkungen (Übervölkerung, Rüstungswettlauf, Umweltzerstörung, Ausbeutung der Ressourcen) als verhängnisvoll beurteilt und deswegen geschlossen, schon Kindern müßten heute neue Einstellungen vermittelt werden, damit die Gesellschaft sich und ihre Zukunft verändere.

Unabhängig aber von einer Beurteilung der jeweiligen "Fortschrittlichkeit" einer pädagogischen Position kann analysiert und geprüft werden, ob der von ihr verwendete progressive Hänschen—Schluß pädagogisch so schlüssig ist. Damit analysieren und prüfen wir allerdings, ob der Schluß selbst so "fortschrittlich" ist, wie er zu sein vorgibt, und liefern vielleicht damit einen kleinen Baustein zu einer Theorie des pädagogischen Fortschritts.

Nach welchen Kriterien aber hier von uns der Schluß und das Schließen als fortschrittlich beurteilt werden kann, kann erst das Ergebnis der Analyse und Diskussion sein. Denn solange wir wenig über pädagogisches Argumentieren wissen, besitzen wir auch keine Kriterien darüber, ob

— einem pädagogischen Schluß (Argument) überhaupt kontextübergreifend pädagogische Qualitäten zugesprochen werden können,

— wie diese Qualitäten erziehungswissenschaftlich zu beurteilen sind, und

— was "fortschrittlich" in bezug auf einen argumentativen Schluß beinhalten muß.

Das "Progressive" der von uns progressiv genannten Hänschen—Schlüsse kann sich zunächst also nur auf den allgemeinen Schlußinhalt beziehen: Schon Kindern müßte als etwas Neues (x) vermittelt werden, weil (x) für ihre Zukunft wichtig wird.

Der progressive Hänschen—Schluß muß also zunächst für die unterschiedlichen Kontexte beschrieben (Teil II) und analysiert werden (Teil III), bevor wir die allgemeineren Fragen der Evaluation (Teil IV) diskutieren und beantworten können.

Für die systematische Untersuchung bietet sich eine thematische oder inhaltliche Differenzierung der Kontexte an. Wir wollen nach jenen Themengebieten differenzieren, die sowohl nach ihren Fortschrittsideen, wie wir oben sahen, unterschieden werden müssen, als auch Argumentationsfelder darstellen, die zum gleichen Thema mit anderen Positionen, Argumenten und Schlüssen besetzt werden können.

So können wir Argumente und Gegenargumente und ihre Vollständigkeit übersehen.

Zugleich soll unsere Gliederung der Kontexte des progressiven Hänschen−Schlusses den allgemeinpädagogischen Einteilungen folgen, unter denen auch die Vermittlung von Fortschritt diskutiert werden kann:

techn.−wiss. F'sidee ←	Progress. Informationen	→ Didaktik
päd.−erzwiss. F'sidee ←	Progress. Vermittlungen	→ Methodik
politische F'sidee ←	Progress. Sozialformen	→ Erziehung
sittliche F'sidee ←	Progress. Metaphysiken	→ Bildung

Bevor wir nun nicht den progressiven Hänschen−Schluß nach dieser Gliederung näher untersucht haben, können wir auch noch nicht sein Verhältnis zum klassischen Hänschen−Schluß genauer bestimmen.

Weder läßt sich jetzt schon sagen, ob beide immer wirklich trennscharf unterschieden werden können, zumal wenn wir historisch (noch) kein Kriterium für objektiven Fortschritt kennen, noch wie sie in einer Systematik pädagogischer Schlußformen eingeordnet werden müssen.

Heuristisch können wir zunächst sicher sagen, daß der Hänschen−Schluß den Schluß "Erziehung ist notwendig" zum Oberbegriff hat. Dem Hänschen−Schluß nebengeordnet müßten andere, Nicht−Hänschen−Schlüsse sein.

Wenn z.B. geschlossen wird: Eine tägliche Turnstunde in der Grundschule sei notwendig, weil die Bewegungsschulung heute notwendig und nur in diesem Alter wirklich erfolgreich sei, dann ist dies für uns ein klassischer Hänschen−Schluß.

Wird dagegen geschlossen: Friedenserziehung sei schon im Kindergarten notwendig, weil sonst die Gefahr bestehen bleibt, daß ein Atomkrieg die ganze Welt zerstört, dann halten wir das für einen progressiven Hänschen−Schluß.

Zwar wird in beiden Fällen der zukünftige Zustand tangiert, aber nur im zweiten Fall wird der Fortschritt oder der neuartige zukünftige Zustand abhängig von einer progressiven Erziehung gemacht.

Damit haben wir allerdings noch kein Kriterium für eine Neben− oder Überordnung zwischen den beiden Schlüssen. So ist zwar nach dem Kriterium "inhaltliche Intention" der progressive Schluß der weitere, aber nach dem Kriterium "Aufgaben der Pädagogik" der speziellere.

Tatsächlich sind aber pädagogische Argumentationen viel komplexer, wie wir sehen werden. Es werden nicht nur Argumente anderer Positionen eingebaut (Relativierungen), sondern auch manche Argumente unausgesprochen vorausgesetzt, was eindeutige Zuordnungen erschweren kann.

Sowohl die pädagogische wie die erbauliche Funktion der Texte kann die eigentliche Argumentation, so wie sie geführt oder vermieden wird, verdecken. Ohne Rekonstruktion der pädagogischen Argumentation und ihrer Schlüsse können wir keine systematischen Zuordnungen wagen.

Teil II: ANWENDUNGEN

In diesem Teil will ich pädagogische Beispiele für Anwendungen des Hänschen—Schlusses sammeln. Gesucht werden aber nicht nur Themen wie Computer und Frieden, bei denen wir auf unseren Schluß stoßen können, sondern auch die *Argumente*, die für eine frühe Vermittlung dieser Themen sprechen.

Es ist zu erwarten, daß wir komplizierte Überschneidungen finden, die eine systematische Darstellung erschweren: Ein Thema kann verschiedene Argumente vereinigen, ein Argument können wir bei verschiedenen Themen finden. Die Argumente können auch auf unterschiedliche Tätigkeiten bezogen sein: Wissensvermittlung, Lehren des Lernens, Erziehen und Bilden, die ihrerseits sich gegenseitig enthalten können.

Ich werde daher zunächst nach der im zweiten Kapitel entwickelten Gliederung heuristisch Argumente suchen und sammeln, ihre Systematik dann im Teil III behandeln. Eine Übersicht über alle gefundenen Argumente findet sich am Schluß dieses Teils II.

3. Progressive Informationen

Unter diesem Stichwort wollen wir die Hänschen—Schlüsse solcher pädagogischen Texte beschreiben, nach denen Kindern Informationen vermittelt werden müssen, die für ihre Zukunft als Erwachsene wichtig sein sollen.

Zu unterscheiden sind die pädagogische Darstellung solcher Informationen in Kindern und Jugendlichen zugängigen Medien (Kinderbücher, Kindersendungen im Radio, TV, auf Kassette etc.) und Institutionen (Kindergarten, Schule, Kursen, Ferienlagern etc.) von den pädagogischen Begründungen der Notwendigkeit solcher Darstellungen.

Allerdings dürfen wir annehmen, daß bei progressiven Informationen in spezifisch für diesen Adressaten gedachte Unterrichtungen implizit ein vorausgegangener progressiver Hänschen—Schluß vorliegt. Dies ist nicht der Fall bei progressiven Informationen, die Kindern und Jugendlichen bloß zugängig sind. Ob dem heute weitverbreiteten Zulassen der Zugängigkeit zu solchen Informationen ebenfalls ein (unausgesprochener) progressiver Hänschen—Schluß zugeordnet werden muß, soll später (vgl. Kp. 12) diskutiert werden. Welche Informationen jeweils als progressive einzuordnen sind, ist dann einfach zu beurteilen, wenn eine explizite Argumentation vorliegt, die dies genau zu ihrem Thema hat: eine bisher Kindern nicht vermittelte, aber für die Zukunft wichtige Information sei jetzt aus xyz—Gründen notwendig zu vermitteln.

Dabei kann es sich um bisher unbekannte oder um bisher nur wenigen Spezialisten oder um bisher nur Erwachsenen bekannte Informationen handeln.

Es sollen auch nur solche Informationen als progressive berücksichtigt werden, wenn für Kinder neue Wissensansätze, −orientierungen oder −gebiete gemeint sind, nicht nur die Modernisierung einzelner Daten, z.B. neue Erkenntnisse über die Höhe von Bergen.

Ebensowenig ist das bloße Zurkenntnisnehmen oder der bloße Umgang mit jeweils modernen, neuen Phänomenen gemeint (wie z.B. Elektrizität, Auto, Computer, moderne Waffensysteme, Umweltkrisen). Wenn keine ausdrückliche Unterrichtung vorliegt, nehmen Kinder zwar Kenntnis von diesen Phänomenen, aber "kennen" sie häufig nicht mit angemessenem Verständnis[1]

Wir wollen vier Gruppen von progressiven Informationen unterscheiden:

1. Der klassische Fall einer progressiven Information ist die Vermittlung neuen Wissens an Kinder, also von bisher unbekanntem oder nur Spezialisten bekanntem Wissen oder von Wissen, das bisher nur am Ende einer Ausbildung vermittelt wurde.

   Beispiele sind frühzeitige Unterrichtung über Mengenlehre, algorithmisches oder ökologisches Denken, wie überhaupt das wissenschaftliche Darstellen von Phänomenen.

2. Als weitere Gruppe progressiver Informationen wollen wir solche zusammenfassen, die über politische Auseinandersetzungen und Kontroversen unterrichten. Uns sollen hier die Argumentationen interessieren, die begründen, daß schon Kinder informiert werden müssen über: parteipolitische Programme und Orientierungen, Diskussionen über Gesetzesinitiativen, Auseinandersetzungen zwischen Parteien, Klassen, Nationen etc.

3. Zur dritten Gruppe zählen wir progressive Informationen über individuelle und kollektive Zukünfte. Wie wird hier begründet, daß schon Kindern die Möglichkeiten und Gefahren ihrer eigenen Zukunft (Berufsaussichten, Klassenzugehörigkeit, Schulschicksal etc.) und die der Gesellschaft oder der Welt (Krieg, Umwelt, Überbevölkerung etc.) bewußt gemacht und Verantwortung dafür geweckt werden muß?

4. Die vierte Gruppe, die sich inhaltlich, aber nicht im Akzent mit den anderen überschneiden kann, betrifft alle progressiven Informationen, die betont ein "realistisches" Weltbild den Kindern vermitteln sollen. Kindern soll nicht eine

"heile Welt" dargestellt werden, daher werden Informationen zum "gestörten" Zustand der Welt favorisiert: über Krisen, einseitige Interessen, Fehlverhalten und Tabus im privaten und öffentlichen Bereich, wobei diese als normal und akzeptabel dargestellt werden.

Während wir bei gegenwärtigen Themen besser einschätzen können, ob neue Informationen progressiven Funktionen zuzuordnen sind, ist die historische Beurteilung schwieriger.

So können wir die kindliche bzw. jugendliche Aufklärung über die Schrecken des Atomkrieges (in literarischer Form z.B. bei G. Pausewang: Die letzten Kinder von Schewenborn)[2] mit Sicherheit als progressive Information einordnen, der mit der Schulpflicht verbundene Zwang für alle Kinder, Lesen und Schreiben zu lernen, schon weniger leicht.

Einerseits waren es historisch bei den durch Schreiben- und Lesenkönnen ausgezeichneten Eliten immer schon Kinder, die diese Fähigkeiten vermittelt bekamen, andererseits beinhaltet die frühzeitige Vermittlung des Alphabets eine tiefgreifende fortschrittliche Veränderung der Denkungsart und des Weltbildes (vgl. M. Cole 1971). Sollen wir andererseits einmal mögliche kindliche Leistungen im Lesen und Verstehen erwachsener und fremdsprachlicher Lektüre (vgl. H.v.d. Berg 1960) als progressiv, spätere, heutige Leistungen dagegen als regressiv beurteilen?

Den letzteren Fall würde ich eher als zum klassischen Hänschen–Schema gehörig diskutieren, aber das Problem des Vergleichmaßstabes ist damit nicht gelöst.

Auch hier gilt, daß wir nicht ahistorisch und situationsunabhängig von einem eindeutigen Kriterium für Fortschrittlichkeit ausgehen können, sondern uns zunächst auf die Argumentationen selbst einlassen müssen, bevor wir allgemeinere Kriterien zu entwickeln versuchen können.

Ausgangspunkt müssen also zunächst die progressiven Hänschen–Schlüsse selbst sein.

Mein Vorgehen bei der Rekonstruktion der pädagogischen Argumentation will ich an einem Beispiel vorführen. Zunächst beschreiben wir die Elemente und Struktur der Argumentation, dann erfolgt ihre Zuordnung zum Hänschen–Schluß.

Da Aufsätze wegen ihrer knappen Darstellungsweise zwingen, konzentriert zu argumentieren, lassen sich ihnen leichter als Büchern die notwendigen Informationen entnehmen.

Als Beispiel wähle ich H. Röhrs "Friedenserzieherische Grundlegung"[3].

Nach der Markierung der einschlägigen Textstellen werden Prämissen, Argumente, Stützungen, Bedingungen und Relativierungen sowie der Schluß identifiziert und in ihrem argumentationslogischen Aufbau geordnet, notwendigerweise meistens in einer von ihrer Folge im Text abweichend neuen Reihenfolge. Damit müssen die Textstellen in der Regel auch den argumentationslogischen Begriffen wie Prämisse, Argument, Stützung zugeordnet werden, d.h. ihre Funktion muß interpretiert werden.

Nach der Analyse von Ch. Mietz[4] läßt sich die Argumentation von Röhrs so beschreiben:

"Den Ausgangspunkt der vorliegenden Argumentation liefert die Behauptung, Friede sei ein erstrebenswerter Zustand. Dadurch wird ausgedrückt, der Krieg sei ein Defizit und als solches zu überwinden. Um den Beweis für diese These zu erbringen bzw. die Defizitthese zu stützen, führt Röhrs das argumentum ad personam [hominem] an. Seit jeher habe der Friede als Leitgedanke der Menschheit existiert und anerkannte Persönlichkeiten wie Erasmus von Rotterdam oder Rousseau hätten um das Erreichen dieses Zustandes gerungen.

Im folgenden wird nun Kant — wiederum als große Persönlichkeit der Philosophie — zitiert, um die Behauptung der zweiten Prämisse zu stützen, der Friede sei ein Problem erzieherischer Art, d.h. nur durch Erziehung zu bewerkstelligen."

"Die eigentliche Stützung für die Bestimmung des Defizits und die damit verbundene Forderung nach Abschaffung liefert die bei Röhrs unter Punkt 2 angeführte Vergegenwärtigung des grausamen Krieges."

"An diesem Punkt nun setzt die dem Text zugrunde liegende zweite Prämisse an, alle diese Gegenmaßnahmen müßten friedenserzieherisch eingeleitet und abgestützt werden, da nur die Friedenserziehung die Voraussetzungen für die von Röhrs angeführten Lösungswege "Überwindung der isolierenden Blockstrategie (.); die Wechselwirkung von Konflikt und Aggression im Mikro— und Makrobereich sowie ihre friedenserzieherische Begrenzung" (.) biete."

"Bei der Überwindung der gegensätzlichen Gesellschaftsformen könne nur eine "zunehmende Verlagerung internationaler Kompetenzen auf übernationale Institutionen" (.) eine angemessene Lösung bieten. Hierzu sei jedoch ein "Maximum menschlicher Reife, Urteilsfähigkeit und Wachsamkeit" (.) erforderlich, das wiederum nur Ergebnis einer Friedenserziehung sein könne."

"Zusammenfassend kommt Röhrs zu folgendem Schluß: Die Überwindung der Blockstrategie und Wechselwirkung von Konflikt und Aggression im Mikro— und Makrobereich kann durch Friedenserziehung erreicht werden, deshalb sollte eine Erziehung zum Frieden in allen Lebensbereichen ansetzen."

"Am Beispiel der Internationalen Gesamtschule Heidelberg versucht Röhrs aufzuzeigen, wie die friedenserzieherischen Grundgedanken in der Praxis verwirklicht werden können. Durch die friedenserzieherische konzeptionelle Gestaltung soll zunächst auf das individuelle Verhalten, das soziale Verhalten und indirekt auf die zwischenmenschliche gesellschaftliche Interaktion eingewirkt werden."

"Röhrs sieht hierin ein positives Beispiel für Friedenserziehung und gleichzeitig die wichtigste Stütze seiner Argumente. Er stellt am Schluß nochmals die Forderung, Friedenserziehung zur "verpflichtenden Direktive der menschlichen Existenz" zu machen und sie den Kindern so früh wie möglich näher zu bringen. (.)"[5]

Die Interpretation eines Textes als pädagogische Argumentation verlangt eine formale Rekonstruktion mit Hilfe eines (eigenen oder übernommenen) Argumentationsschemas, durch das auch festgelegt wird, was jeweils als Prämisse, Argument oder Stützung anzusehen ist. Ich werde die hier für die Zuordnungen notwendigen Festlegungen erst später (vgl. Kp. 7) diskutieren und entscheiden können.

Die allgemeine Beschreibung dieser Argumentation und ihre Zuordnung zum progressiven Hänschen—Schluß bleibt davon ebenso unberührt wie die hier nicht notwendige Prüfung und Kritik (vgl. dazu Ch. Mietz 1986 und Kp. 11).

In der hier zitierten Analyse wird in Anlehnung an das Argumentationsschema von St. Toulmin[6] folgendes Schema [Abb. 1] rekonstruiert[7].

Laut Analyse folgt dem komplexen Argumentationsaufbau ein allgemeiner Pädagogikschluß: "Friede muß erzieherisch gesichert werden", in dem aber ein Hänschen—Schluß enthalten ist, nämlich Friedenserziehung als "verpflichtende (...) Direktive der menschlichen Existenz" den Kindern so früh wie möglich näherzubringen.

Bei Röhrs heißt es: "Je früher und je konkreter die friedenserzieherische Reflexion unter dem Aspekt einer möglichen Reform der Verhaltensweisen einsetzt, um so größer ist die Aussicht auf eine Revision der Einstellungen als Folge der Einsicht." (S. 53) Während "Kind" unsere Zuordnung zu den Hänschen—Schlüssen

Abb. 1   Argumentationsschema Röhrs

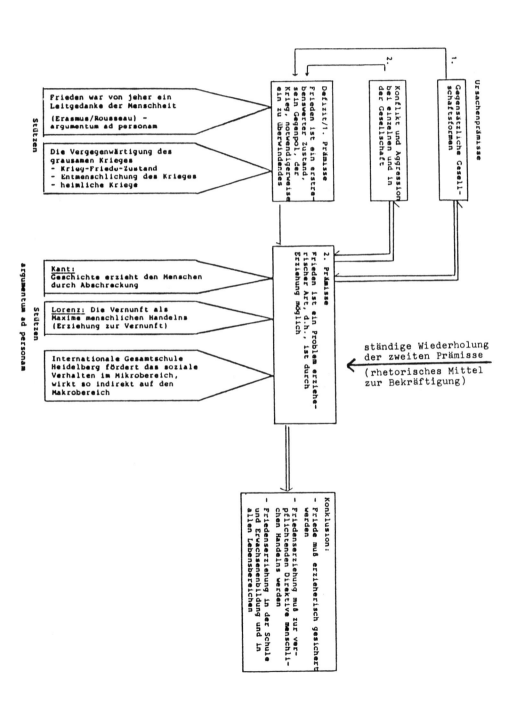

stützt, bleibt unklar, welches Alter mit "je früher" gemeint ist. Da wir weder etwas Genaueres über das Alter noch darüber, was genau "möglich" sein soll, erfahren, andererseits aber nur Einschränkungen, keine Verbote gemeint sind, wollen wir diese Einschränkung als unbestimmte Relativierung auffassen.

Wir können diesen in der Argumentation enthaltenen Hänschen – Schluß auch den progressiven Hänschen – Schlüssen zuordnen, da Friede hier als ein erst zu erstrebender gesellschaftlicher Zustand, und zwar durch Erziehung so früh wie möglich verwirklicht werden soll.

Ob wir den Schluß auch unter dem Stichwort "Progressive Informationen" einordnen können, ist weniger eindeutig. Die Analyse zeigt aber die vorherrschende kognitive Orientierung: "... für eine Schule, die die zwischenmenschliche Kooperation nicht nur fördern will, sondern bewußt zum Gegenstand der Reflexion erhebt." "Die Sicherung des Friedens durch ... muß mit den Kindern immer wieder reflektiert werden."[8] Als Ziel steht hier eine Gesittung, als Mittel die Information im Vordergrund.

Auch in anderer Hinsicht bleibt der Text für eine Analyse des Hänschen – Schlusses unbefriedigend. Zwar lassen sich der Analyse deutlich die Prämissen entnehmen:

— eine Defizitprämisse: zu überwindender Unfrieden
— eine Ursachenprämisse: der Fortschritt ist durch Erziehung möglich
— eine Praxisprämisse: die Internationale Gesamtschule Heidelberg

und diese Prämissen gelten wie die ihnen zuordbaren Argumente und Stützungen mit dem übergeordneten Pädagogikschluß auch für den progressiven Hänschen – Schluß, aber für diesen finden sich keine spezifischen Argumente und Stützungen.

Die Selbstverständlichkeit des "so früh wie möglich" folgt offensichtlich allein aus der "die menschliche Existenz verpflichtenden Direktive" zur Friedenserziehung.

Da wir nun dem Text keine sicheren Informationen über seine Begründungen für die Notwendigkeit einer frühen Erziehung (außer einem Argument der frühen Formbarkeit, vgl. Kp. 1) entnehmen können, scheint dies kein gutes Beispiel für die Beschreibung zu sein. Aber gerade mit der selbstverständlichen Annahme, das "so früh wie möglich" nicht näher begründen zu brauchen, ist der Text nicht untypisch für Darstellungen des Hänschen – Schlusses. Auch dort, wo wir einige Argumente finden, sind diese weder hinreichend noch ausreichend gestützt, häufig verdeckt durch die für ausreichend gehaltenen Argumente für die gesellschaftliche Notwendigkeit, hier des Friedens.

Dabei sind häufig gute Gründe zu nennen und, wie ich zeigen werde, die Notwendigkeit dazu angezeigt.

Für die Beschreibung, noch mehr für die Analyse ergibt sich daraus aber die Schwierigkeit, das Fehlen der Argumente als Nichterwähnen von Selbstverständlichkeiten zu interpretieren und diese gegebenenfalls zu rekonstruieren oder als ein (vielleicht rhetorisch überspieltes) Nichtvorhandensein von Gründen.

Bei den folgenden Beispielen für progressive Informationen will ich daher, da hier die Beschreibung wichtiger sein soll als die Kritik, neben den genannten Argumenten auch die möglichen anführen. Die jeweilige Stärke der Argumente werden wir dann im Kp. 11 diskutieren.

So können wir für unsere vier Gruppen progressiver Informationen folgende Argumente zusammenstellen, deren Verwendung sich nur zum Teil belegen läßt. Natürlich ist die Liste offen. Sie verlangt außerdem unter systematischen Gesichtspunkten allgemeine Ausdrücke. Die Zuordnung von Beispielen und Belegen soll vor allem erläuternde Funktion haben, viele Beispiele enthalten auch andere Argumente aus anderen Gruppen, sowie Zuordnungsmöglichkeiten zu weiteren, in den nächsten Kapiteln abgehandelten Kontexten.[9]

Neues Wissen

1. Wahrheitsargument

   Erweist sich durch neues Wissen (neue Daten, Theorien) das alte Wissen als falsch, soll das Wahrheitsargument dafür sprechen, von Anfang an das Richtige zu vermitteln.
   Beispiele: Heliozentrisches Weltbild, wissenschaftliche Taxonomien
   "Sie versetzen sie [Kleinkinder] dafür [kognitive Trainingsprogramme] in eine Bewegung, Erfahrung und Bedürfnis weitgehend abschneidende Lernsituation, um möglichst viele Informationen über die "moderne wissenschaftliche Welt" so früh wie möglich in die Kinderköpfe hineinzubekommen und damit einer "zukunftsorientierten Erziehung" zu genügen."
   "So wäre es zum Beispiel falsch, wenn ein Sach−Bilderbuch vom Leben auf dem Mars so berichtet, als wüßte der Autor ganz genau darüber Bescheid."[10]

2. Einfachheitsargument

   Ist eine neue Theorie einfacher, fundamentaler, fruchtbarer als bisher gelehrte, soll das Einfachheitsargument dafür sprechen, die Vermittlung des Einfacheren an den Anfang zu stellen.

Beispiel: Mengenlehre
"Wesentlich ist auch, was zu elementaren Einsichten führt ...". "Man kann sagen, daß der Mengenbegriff sich als *der* fundamentale Begriff der neueren Mathematik herausgestellt hat."[11]

3. Zukunftsargument

Ist ein neues Wissen für die Zukunft des Individuums oder der Gesellschaft von entscheidender Bedeutung, soll das Zukunftsargument dafür sprechen, von Anfang an das zukünftig notwendige neue Wissen zu vermitteln.
Beispiel: Computer
"As educators, we can begin to solve this important problem by exposing children to computers and computer-delivered instruction at as an early an age as we can."[12]

4. Förderungsargument

Verlangt ein neues Wissen die Heranbildung einer besonderen Fähigkeit, soll das Förderungsargument dafür sprechen, das neue Wissen von Anfang an zur Ausbildung der Fähigkeit zu vermitteln.
Beispiel: ganzheitliches Denken
"Kinder — auch schon im vorschulischen Alter — sollen im konkreten Fall lernen, beides [soziales und instrumentales Lernen] miteinander verschränkt einzusetzen; es sollte nach Möglichkeit [!] Vorsorge getragen werden dafür, daß sie später ihre Fertigkeiten nicht einfach auf Abruf, gleichsam ohne soziales Bewußtsein [!] und ohne einen wie immer mittelbaren Bezug auf ein gesamtgesellschaftliches Interesse in Handlungen übersetzen."[13]

5. Gefahrenargument

Kann nur die Kenntnis neuen Wissens vor Gefahren schützen, soll das Gefahrenargument dafür sprechen, das neue Wissen von Anfang an zum Schutze des Kindes zu vermitteln.
Beispiele: Elektrizität, Gifte, Verkehr
"Es ist unbedingt erforderlich, daß Eltern und Erzieher die Kinder frühzeitig intensiv und geduldig mit dem Verkehr und seinen Gefahren vertraut machen."[14]

Politisch—soziale Aufklärung

6. Teilhabeargument

Können Kinder an bestimmten Inhalten des gemeinschaftlichen Lebens nur aufgrund wichtiger aktueller Informationen teilnehmen (mit Verstehen, Handlungsfähigkeit), soll das Teilhabeargument dafür sprechen, diese Informationen Kindern nicht vorzuenthalten.
Beispiel: Politische Auseinandersetzungen
"Sie [die proletarische Erziehung] beginnt mit der frühest möglichen Aufklärung der Kinder über die gesellschaftlichen Ursachen der Unterdrückung und übt kindgemäße Ansätze des Angriffs gegen diese Grundlagen."[15]

7. Verantwortungsargument

Bedürfen wichtige gesellschaftliche Entwicklungen einer neuen Verantwortung für sie, dann soll das Verantwortungsargument dafür sprechen, die für die Weckung des Verantwortungsgefühls notwendigen Informationen früh zu vermitteln.
Beispiele: Ausländer, Behinderte, Dritte Welt
"Es wäre wünschenswert, wenn wir alle, einschließlich der Kinder, die uns als Lehrer oder Eltern anvertraut sind, ein Bewußtsein [!] der Gleichzeitigkeit des Lebens hier und dort [Dritte Welt], das Bewußtsein der *einen* Welt hätten."[16]

8. Widerstandsargument

Werden bestimmte Abhängigkeiten für schädlich angesehen, soll das Widerstandsargument dafür sprechen, schon Kindern die für die Entwicklung von Widerstand notwendigen Informationen zu vermitteln.
Beispiele: Fernsehen, Konsum, Drogen
"Das Kind soll das Medium Film in seinen formalen und inhaltlichen Strukturen und Bedeutungen kennen und verstehen lernen; es soll sich aktiv mit den Gegebenheiten des Mediums auseinandersetzen."[17]

Zukünfte

9. Gesinnungsargument

Wird zur Sicherung der Zukunft eine neue Gesinnung für notwendig gehalten, soll das Gesinnungsargument dafür sprechen, schon Kindern die zur Gesinnungsbildung notwendigen Informationen zu vermitteln.
Beispiel: Frieden

"Die Sicherung des Friedens durch ... muß mit den Kindern immer wieder reflektiert werden."[18]

Realistisches Weltbild

10. Realitätsargument

Hat sich die Umwelt in bestimmten Bereichen wesentlich verändert, soll das Realitätsargument dafür sprechen, schon Kindern ein richtiges Bild von der Welt zu vermitteln.
Beispiele: moderne Landwirtschaft, Krieg, alle Lebensaspekte
"Fernsehsendungen für Kleinkinder sollen grundsätzlich alle Bereiche der Wirklichkeit repräsentieren."
"Die Rückständigkeit des Buches wird vor allem an den Schilderungen aus der bäuerlichen Welt deutlich. Natürlich alles nur aus der heimatlich-deutschen. Das Ausland ist nicht vertreten. Von der Dritten Welt ganz zu schweigen. Aber das ist nicht das Schlimmste. Die geschilderte bäuerliche Welt ist die unserer Großväter und Urgroßväter."[19]

11. Lebenshilfeargument

Ist die Lebenswelt der Erwachsenen vor allem im sittlichen Bereich "unheil", soll das Lebenshilfeargument dafür sprechen, auch Kindern keine "heile Welt" zu vermitteln.
Beispiele: Scheidungen, Erziehungsfragen, soziales Lernen (Konflikte)
"..., alle Menschen zu einer emanzipierten Beteiligung an dieser Gesellschaft zu befähigen und diese Gesellschaft in produktiver Weise weiterzuentwickeln. Deshalb sollte so früh wie möglich — also im Kindergarten, in den Vorschulklassen und in der Grundschule — das Lernen sozialer Verhaltensweisen organisiert und öffentlich auf die Rechtmäßigkeit seiner Ziele und Methoden überprüft werden können."[20]

Man kann sehen, daß einige Argumente auch in anderen Gruppen auftauchen könnten, z.B. das Zukunftsargument unter Zukünfte. Auch die Benennungen sind nicht trennscharf: Eigenschaften und pädagogische Funktionen können sich überschneiden. Dazu gehört auch, daß Argumente andere Argumente stützen könnten: z.B. Wahrheits— und Zukunftsargument das Lebenshilfeargument und umgekehrt. Hierarchie, Regreß werde ich wie überhaupt die Systematik der Argumente im Teil III u. IV behandeln.

Hier müssen wir aber noch die drei Argumentgruppen ansprechen, die wir schon im Teil I angesprochen haben. Sie sind immer in den anderen enthalten bzw.

ihnen übergeordnet, und wir müssen sie daher bei allen Themen des progressiven Hänschen−Schlusses abfragen. Sie entsprechen den drei Grundprämissen des Hänschen−Schlusses:

A. Notwendigkeitsargumente

Es muß beim Hänschen−Schluß immer Argumente dafür geben, daß die Inhalte notwendigerweise vermittelt werden müssen (vgl. Defizitprämisse). Im Hinblick auf den Fortschritt kann die Notwendigkeit bestehen aufgrund von Unausweichlichkeit, aufgrund anzustrebender Vorteile oder aufgrund drohender Nachteile.

A1. Unausweichlichkeitsargument

Eine prognostizierte Entwicklung soll unausweichlich auftreten.
Beispiel: Computer
"Selbst wenn wir es nicht tun, werden es andere tun."[21]

A2. Vorteilsargument

Für einen bestimmten Fortschritt ist es notwendig, entsprechende Vorstellungen zu vermitteln.
Beispiel: Demokratie
"Es handelt sich gewissermaßen um Vorformen einer Gegenöffentlichkeit, die im Umkreis des Kindergartens entstehen, ..."[22]

A3. (Schadensargument, hier meist als) Katastrophenargument

Über eine bestimmte Entwicklung muß informiert werden, sonst droht eine Katastrophe.
Beispiele: Frieden, Umwelt
"Da globale Probleme mitunter eine lange Anlaufzeit haben und der Prozeß des tradierten Lernens unglücklicherweise sehr lange dauert, schafft der Aufschub des innovativen Lernens ein bedeutsames und folgenschweres Risiko."[23]

B. Hänschen−Argumente

Notwendig ist nicht nur eine (erzieherische) Information überhaupt, sondern eine möglichst frühe. (Vgl. Ursachenprämisse)
Hier können wir für dieses Kapitel die eben vorgestellten Argumente 1−11 aufführen, also B1−B11.

C. Fähigkeitsargumente

Die Vermittlung der Information muß nicht nur notwendig und notwendig früh erfolgen, sondern Kinder müssen auch fähig sein, sie aufzunehmen. (Vgl. Praxisprämisse)

C1. Fähigkeitsargument

Gestützt auf jeweilige Erkenntnisse kann die Möglichkeit des Verständnisses von progressiven Informationen als Argument eingeführt werden.
Beispiel: Mengenlehre
"Wie psychologische Untersuchungen zeigen, gehen Kleinkinder bereits mit diesem Begriff (Menge) um, wenn sie vom Zahlbegriff noch weit entfernt sind."[24]

C2. Zumutungsargument

Obwohl Kinder noch nicht fähig sind, alles vom progressiven Wissen zu verstehen, soll es ihnen schon zugemutet werden, weil sie schon etwas davon verstehen können bzw. ihr späteres Verstehen vorbereitet wird, pädagogisch auch "Mehrdarbietung" oder "Vorwegnahme","Vorwärmen" genannt.[25]

Damit haben wir für den Inhalt "Progressive Informationen" einige Argumente beschrieben. Bei einer expliziten Argumentation müssen wir natürlich auch die jeweiligen Stützungen der Argumente erfassen. Auch hier gilt, daß wir empirisch erstaunlich wenig Stützungen in den Texten angeführt finden.[26]

Für die Analyse und Diskussion des progressiven Hänschen–Schlusses müßten die Stützungen der B–, C– und weiterer Argumente im Vordergrund stehen und dort (Teil III und IV) diskutiert werden.

Die A–Argumente müßten meist außerpädagogisch nach den jeweiligen thematischen Kontexten gestützt werden und werden daher hier mit einer Ausnahme nicht diskutiert.

4. Progressive Vermittlungen

Progressive Hänschen–Schlüsse mögen naheliegen, wenn die Pädagogik von "Fortschritt" umgeben ist. Ob sie selbst aber am Fortschritt teil hat und worin der Fortschritt der Pädagogik liegt, scheint mir schwerer beantwortbar zu sein.

1969 sah F. Pöggeler den Fortschritt der Pädagogik darin,

> "..., daß sich unser Bildungswesen dem Fortschritt der technischen, sozialen und geistigen Entwicklung erstaunlich gut angepaßt hat." "Es ist menschlicher geworden;" "Zum Fortschritt und zur Menschlichkeit gehört, daß die Schüler kind‒ und jugendgemäßer behandelt werden ‒" "Die Methoden sind flexibler, interessanter und zum Teil auch wirkungsvoller geworden." "Kinder gehen heute nicht mehr mit Furcht und Sorge in die Schule, ..." "Das Bildungswesen sei gerechter geworden, auch den besonders schwach Begabten würde heute geholfen, die Technik habe "wirksame und großartige Hilfen bereitgestellt." "Man denke nur an die *Lehrautomaten*, die eine *programmierte Unterweisung* möglich gemacht haben: Durch sie lernt der Mensch in kleinen, logischen Schritten und kontrolliert ständig, ob er das jeweils neu Gelernte auch begriffen hat; er bestimmt selbst das Tempo seiner geistigen Arbeit und braucht nicht im Trott einer Klasse zu marschieren. Dadurch wird das Lernen wesentlich erleichtert. Es wird menschlicher insofern, als jeder Lernende entsprechend seinen Fähigkeiten behandelt wird."[1]

Wenn wir überhaupt von einem Fortschritt der Pädagogik sprechen wollen[2], dann wird er für die Praxis in "besseren" Vermittlungsweisen im weitesten Sinne zu suchen sein. Hierzu können wir alle Aspekte pädagogischer Arrangements [3] rechnen, wie Raumformen, Zeitgestalten, Anordnung und Darstellungsweisen der Lerninhalte, Aktivitätsformen ebenso wie Erziehungspraktiken, Redeweisen und Umgangsformen.

Während wir aufgrund der rund zweitausend Jahre alten Reflexion über Pädagogik eigentlich nicht erwarten können, daß noch völlig neue Vermittlungsformen entdeckt werden könnten, hat doch der Einfluß des neuzeitlichen Fortschritts neuartige Vermittlungsmöglichkeiten geschaffen, so z.B. den Projektunterricht, audio‒visuelle Methoden oder den Computer. Insofern nun neuartige Vermittlungsmethoden für fortschrittlich und notwendig gehalten werden und es fortschrittlich erscheint, sie auch schon Kindern zugute kommen zu lassen, finden wir sie auch unter den Anwendungen progressiver Hänschen‒Schlüsse. Sie werden es auch dadurch, daß sie keineswegs speziell für Kinder entwickelt wurden, sondern zunächst Arbeitsformen spezialisierter Erwachsener waren.

Zur Rekonstruktion der Argumente von progressiven Hänschen‒Schlüssen im Bereich progressiver Vermittlungen wähle ich wiederum ein schon bearbeitetes [4] Beispiel: S. Paperts Programm des Neuen Lernens[5].

Der folgende Analysebogen [Abb. 2] enthält die wichtigsten Thesen, Argumente, Stützungen und Schlüsse, wobei ich auch hier nicht die Zuordnungen der Analyse

Abb. 2 LOGO – Argumente

1.	2. Papert, S.: Gedankenblitze. Reinbek bei Hamburg 1985, Rowohlt TB. (Originalausgabe: Papert, S.: Mindstorms, New York 1980)
3. Monographie (Buch)	4. Professor für Informatik (MIT) 104

5. Am Beispiel der Programmiersprache LOGO erklärt Papert, wie sich Kinder spielend Eingang zur Mathematik verschaffen können. Er beschreibt damit eine Alternative zum schulischen Lernen.

6. LOGO, Theorie, Argumente, Beispiele	7. Eigene Erfahrungen mit LOGO (MIT)

8. Theoretischer Hintergrund: - Das Buch ist eine Übung in angewandter Erkenntnistheorie (Epistemologie)
- Die Kinder werden (nach Piaget) als Baumeister ihrer eigenen intellektuellen Strukturen gesehen (Kinder als Erkenntnistheoretiker).
- Igelgeometrie (turtle) ist ein algorithmischer Stil der Geometrie (65)

Ziel: - "... neue Beziehungen zwischen Menschen und Computern aufzubauen." (26)
- Die Planung von Lernumgebungen, die von intellektuellen Strukturen erfüllt sind, die sich entwickeln könnten. (168)
- Den Kindern zu verdeutlichen, daß das Erlernen einer körperlichen Fertigkeit viel mit der Konstruktion einer wissenschaftlichen Theorie gemein hat (neues Lernen) (103)

Thesen: (1) Computer: "... sein Wesen ist die Universalität, seine Simulationsfähigkeit." (9)
(2) Es können Computer entworfen werden, daß die Kommunikation mit ihnen ein natürlicher Prozeß sein kann. (Die Kommunikation mit dem Computer könnte andere Lernweisen verändern.) (14)
(3) Kinder können lernen, den Computer souverän zu benutzen.
(4) Sprachen lernen ist eins der Dinge, die Kinder am besten können (also auch Programme). (13)

Argumente (Vermutungen, Glaube, Annahmen ...):
(1) Die Kosten für leistungsstarke Computer sind nicht zu hoch. (26)
(2) Das Kind übernimmt schon im Vorschulalter die Kontrolle; lernt aktiv und selbstbestimmt. (LOGO-Umgebung)
(3) Qualitativ neue Beziehung zu einem neuen Wissensbereich; neues Wissen als Quelle der Macht. (28)
(4) Die 'Fesselungskraft' wird ein nützliches Bildungsmittel. (35)
(5) Lerner wird befähigt, klar auszudrücken, was 'mechanisches Denken' ist (bewußtes computerartiges Denken). (35)
(6) Welches Wissen in welchem Alter gelernt werden sollte, wird offen. (61)
(7) Kinder können sich mit dem Igel identifizieren. (64)
(8) Berührung mit schlagkräftigen (powerful) Ideen (z.B. Debugging oder Kontinuitätsprinzip).
(9) Der Igelkreis veranschaulicht syntonisches Lernen; er ist körper- und ego-syntonisch (gegenüber dissoziiertem Lernen). (72)
(10) Drei Klassen mathematischen Wissens profitieren vom Igel (turtle): 1. Schulmathematik, 2. 'Protomathematik', 3. 'Wissen der Zukunft'. (74/75)
(11) Das Igelprogramm ermöglicht 1. intuitives Begreifen der Infinitesimalrechnung, 2. Verständnis der Idee der Variablen und 3. ein System als Ganzes zu erfassen (strukturiertes Programmieren ...) (77)
(12) Kinder lernen, daß auch der Lehrer aus Fehlern lernt ('Mathetische' Computerkultur: Lernen über das Lernen)
(13) Der 'Dyna-Igel' kann Newtonsche Bewegungen verdeutlichen. (137 f.)
(14) Das Kind kann intuitive Erwartungen äußern; Informatische Ideen können bei der Ummodellierung intuitiven Wissens helfen. (151)
(15) Die 'Prozedur' wird zu einer Sache und damit handhabbar. (160)
(16) Schaffung eines 'Übergangsobjekts', das in der Umgebung der Kinder existiert und mit den Ideen in Verbindung treten kann. (168)
(17) Verstärkte Interaktion (187)

Schlüsse: (1) Kinder können unter bestimmten Voraussetzungen beim Programmieren einen Leistungsstand erreichen, der es zu einer anspruchsvollen intellektuellen Fähigkeit macht. (Die Voraussetzungen unterscheiden sich von der Art des Zugangs zum Computer (z.B. CAI), wie die Schule ihn zur Norm macht.) (24)
(2) Die Erziehung und Bildung wird privater (neue Ideen werden verwirklicht). (46)
(3) Die Lücke zwischen Invarianz (konkrete Operationen) und Kombination (formale Operationen) wird sich schließen. (183)
(4) Es werden Handlungsmöglichkeiten für die Erkenntnistheorie gegeben.

Anmerkungen: (1) Zum besseren Verständnis Paperts muß sein Buch unter dem Aspekt der Schulkritik betrachtet werden.
(2) Papert wendet sich gegen andere Anwendungen (z.B. gegen CAI: Drills und Übungen) sowie gegen die Computersprache BASIC, die er mit der veralteten Schreibmaschinentastatur (Buchstabenanordnung - QWERTZ) vergleicht.
(3) Gegenargumente werden thematisiert und entkräftet (35-37)
(4) Ursache für die Mathophobie (Angst vor dem Lernen) ist die Schule. (47 ff.)

9. Die Programmiersprache LOGO ermöglicht Kindern spielend Zugang zur Mathematik und zu den Computern (außerhalb der Schule in computerisierten Lernumgebungen).

übernehme bzw. diskutiere. Die theoretischen Kriterien kann ich erst im Teil III diskutieren.

Aus der Rekonstruktion läßt sich gut das pädagogische Programm von Papert den progressiven Hänschen−Schlüssen zuordnen.

Als Defizitprämisse werden Qualitätsmängel des Lernens behauptet, als Ursachenprämisse wird dies dem traditionellen Schulunterricht angelastet und als Praxisprämisse wird das mit LOGO mögliche "Neue Lernen" aufgestellt.

Das ABC der progressiven Argumente läßt sich aus dem Analysebogen belegen:

A−Argumente: "... neue Beziehungen zwischen Menschen und Computern aufzubauen."

B−Argumente: Vorteile des Neuen Lernens: Argumente 1−17

C−Argumente: "Kinder können unter bestimmten Voraussetzungen beim Programmieren einen Leistungsstand erreichen ..."

Der progressive Hänschen−Schluß für das "Neue Lernen" läßt sich auch den Anwendungen progressiver Vermittlungen zuordnen, da mit dem neuen Medium Computer und dem neuen Kode LOGO vor allem die Vermittlung verbessert werden soll.

Das wichtigste Argument progressiver Vermittlungen betrifft das Lernen, sowohl in Verbindung mit etwas, das früh gelernt werden soll (z.B. das Frühlesenlernen) als auch das Lernen selbst (als Lernenlernen).

Das "Früh−Lernen" ist selbst kein Argument, es sei denn als Lernfähigkeit (als C−Argument), sondern eher ein Schluß. Aber es sprechen verschiedene Argumente für frühes Lernen, die nicht zufällig "Lernen" bevorzugen.

Da Lernen sich hier immer auf etwas bezieht, das früh gelernt werden soll, müssen die Argumente dafür sich eigentlich auf die progressiven Inhalte (Informationen, Verhalten etc.) beziehen und dort abgehandelt werden.

So spricht für das Erlernen eines progressiven Kodes (wie bei Paperts LOGO) oder des frühen Kodierens (wie in Hillers mehrperspektivischen Didaktik) auch ein erkenntnistheoretisches Argument, das wir unserem B−1 Wahrheitsargument (Kp. 3) subsumieren können: "Indem man die jeweilige Erscheinungsform eines Unterrichtsgegenstandes ausdrücklich rückbindet an die Art und Weise, wie er repräsentiert wird, kann verhindert werden, daß Unterrichtsgegenstände − wie vielfach bisher − zu Mitteln werden, durch die man absolut sichere Erkenntnisse gewinnt; solche Erkenntnisse, die man als letzte Aussagen über das Sein der Dinge verstehen muß."[6]

Für den Umgang mit einem progressiven Kode oder Medium spricht auch ein Modernitätsargument, das wir dem B−10 Realitätsargument subsumieren können: "Wir haben den Auftrag, unsere Schüler mit den Bildungsgütern *unserer Zeit* so vertraut zu machen, daß sie in zehn bis zwanzig Jahren, wenn sie im Berufsleben stehen, in der Lage sind, den dann an sie gestellten Anforderungen gerecht zu werden."[7]

Umgekehrt sollte das B−4 Förderungsargument, daß nämlich ein Wissen früh vermittelt werden muß, weil durch sein Erlernen die Begabung für es gefördert wird, eher hier als progressives Vermittlungsargument dargestellt werden. Ebenso können wir hier ein Übungsargument anführen, das für eine frühe Vermittlung spricht, wenn sie notwendiges oder vorteilhaftes Üben sichert.

So kann also immer ein inhaltlicher Grund dafür sprechen, daß etwas früh gelernt werden soll.

Aber die Überlegung, daß es "gelernt" werden soll, spricht zugleich dafür, hier auch besondere Lernargumente zu erwarten.

Diese besondere Betonung des Lernens hängt natürlich damit zusammen, daß Lernen hier immer eingeschränkt gewolltes, geplantes, veranstaltetes Lernen meint. Der progressive Hänschen−Schluß verlangt ja gerade nach einer pädagogischen Veranstaltung, einem expliziten Lehren und einem (institutionellen) Vermittlungsrahmen.

Der expliziten Lehre nun kommt "Lernen" im engeren Sinne besser entgegen als Sich−Entwickeln. In der Akzentuierung auf das kontrollierte Lernen treten aber bestimmte Eigenschaften der Inhalte in den Vordergrund, die ihre Lern− und Lehrbarkeit, d.h. Vermittlungsfähigkeit betreffen.

So gewinnen auch ihre Kodes, Medien und Vermittlungsrahmen[8] als die Repräsentationsformen[9], weil sie für das Lernen wichtig sind, pädagogische und damit argumentative Bedeutung: "Das Hauptgeschäft der Erziehung ist die ästhetische Repräsentation der Welt."[10]

Daher müssen wir für die progressiven Vermittlungen insbesondere auf das Lernen und die Repräsentationsformen bezogene Argumente erwarten.

Folgen wir unserem Argumenten–ABC, so müssen wir zunächst die A–Argumente für die Notwendigkeit progressiver Vermittlungen, d.h. bestimmter Repräsentationsformen (Kodes, Medien, Vermittlungsrahmen) abfragen. Mögliche Überschneidungen und gegenseitige Abhängigkeiten sollen erst später systematisch diskutiert werden.

A. Notwendigkeitsargumente

Notwendigkeitsargumente für progressive Repräsentationsformen sind hier im Unterschied zu den der progressiven Informationen durchaus nicht unpädagogische. Für sich im Fortschritt befindliche Gesellschaften hat die Steuerung durch allgemeine und spezifisch pädagogische Lernprozesse eine große Bedeutung für die Erhaltung und Weiterentwicklung[11]. Es kommen vor allem folgende Gründe für die Notwendigkeit von Lernen und Lehren in Frage (die Numerierung schließt an Kp. 3 an):

A–4 Sicherungsargument

Da nur durch qualifiziertes Lernen die bisherige Entwicklung in ihrem Niveau gesichert werden kann und progressive Repräsentationsformen die Qualität des Lernens zu sichern versprechen, spricht das Sicherungsargument für die Notwendigkeit, diese Formen früh einzusetzen.
Beispiel: Lebenslanges Lernen
"Auch die Grundlagen zu einer Lernhaltung, die das Kind in seinem späteren Leben dazu befähigt, immer bereit zu sein, Neues zu lernen, sollte schon im Kleinkindalter geschaffen werden."[12]

A–5 Verbesserungsargument

Verbesserungen in der Entwicklung können nur auf der Grundlage verbesserten Lehrens und Lernens verwirklicht werden. Daher besteht die Notwendigkeit, progressive Repräsentationsformen pädagogisch früh einzusetzen.
Beispiel: Lerngesellschaft
"Die progressive Leistungs– und Lerngesellschaft, …, setzt bei jedem Einzelnen ein hohes Niveau der kognitiven Fähigkeiten und der Lernmotivation voraus. Es erhebt sich daher die Frage, ob man nicht schon beim Kleinkind, …, mit einer intensiven Förderung … zu beginnen hätte."[13]

A – 6 Beschleunigungsargument

Bestimmte Entwicklungen in der Gesellschaft können eine Beschleunigung der Veränderungen erforderlich machen, die nur durch progressive Repräsentationsformen erreichbar ist. Dann spricht das Beschleunigungsargument für die Notwendigkeit eines frühen Einsatzes dieser Mittel.
Beispiel: postindustrielle Gesellschaft
"They should be taught as early as possible how to use the tools of our culture [postindustrial society] for their own happiness, growth, and the benefit of others."[14]

B. Hänschen – Argumente

Unter B müssen wir vor allem nach Argumenten für das Lernen mit progressiven Kodes, Medien und Vermittlungsrahmen suchen. Hier sind sie aber nicht, wie schon gesagt, als progressive Informationen von Bedeutung, sondern ihre progressive Vermittlungsfunktion für das Lernen.

Natürlich kann man, wenn Lernen überhaupt als notwendig angesehen wird, frühes Lernen mit klassischen Hänschen – Argumenten begründen. Aber für den progressiven Hänschen – Schluß bedarf das frühe Lernen nach progressiven Vermittlungsformen (Kodes, Medien, Vermittlungsrahmen) besonderer Argumente.

Wenn progressive Vermittlungsargumente frühes Lernen stützen, dann dadurch, daß sie insbesondere solche Aspekte des Lernens ansprechen, die das Lernen progressiv verändern, d.h. seine Lernqualität noch verstärken.

Dies scheint meinem Eindruck nach am ehesten von einer Art Selbstverstärkung des Lernens und durch eine Verselbständigung des Lerners erwartet zu werden: Der Lernprozeß soll dynamisiert werden und der Lernende sein Lernen selber steuern. Daraus ergeben sich folgende B – Argumente (weitergezählt im Anschluß an Kp. 3):

B – 12 Argument der Leistungssteigerung

Verspricht ein Kode, ein Medium, ein Vermittlungsrahmen das zukünftige Lernen leistungsfähiger (ökonomischer, intensiver) zu machen, so spricht das Argument der Leistungssteigerung auch dafür, diese Repräsentationsform früh einzusetzen: Je früher, desto leistungsfähiger später.
Beispiele: Kode: Frühlesenlernen, algorithmisches Denken, praktische Kreativität.
Medium: Computer. Vermittlungsrahmen: Projekte.

"Die sich ständig verändernde Welt mit ihren zunehmend abstrakten Strukturen und ihren immer komplizierter werdenden Wechselbeziehungen erfordert eine Erziehungs– und Bildungskonzeption, die der Entwicklung unseres Kulturzeitraums entspricht.
Dabei werden in den Lebensjahren vor dem heute üblichen Schuleintritt entscheidende Grundlagen für den Grad der intellektuellen Tüchtigkeit und die Leistungsmotivation des Kindes wie des späteren Erwachsenen gelegt."
"...; unter neuen Bedingungen neue Lösungen zu finden, bis ins hohe Alter aufgeschlossen zu bleiben, Bestehendes in Frage zu stellen, Änderungen mitzumachen und voranzutreiben, Ziele zu sehen und anzusteuern: Das müssen unsere Kinder von Klein auf lernen."[15]

B–13 Argument der Systematik (Planung und Kontrolle)

Kann ein Kode, ein Medium, ein Vermittlungsrahmen das zukünftige Lernen besser systematisieren, spricht das Argument des systematischen Lernens dafür, diese Repräsentationsform auch schon früh einzusetzen: je früher systematisch, desto systematischer später.
Beispiele: Kode: binärer Kode, wissenschaftliche Taxonomie, Systematik
             Medium: Lexika. Vermittlungsrahmen: Lernzielkataloge
"... machen deutlich, daß Kinder im Alter zwischen 3 und 5 Jahren durchaus mit großem Gewinn *systematisch lernen* können, und dies auch wollen."[16]

B–14 Argument der Effektivität

Kann ein Kode, ein Medium, ein Vermittlungsrahmen Lernen effektiver machen, spricht das Effektivitätsargument dafür, diese Repräsentationsform auch schon früh einzusetzen: je früher, desto effektiver.
Beispiele: Kode: audio–visuelle Darstellungen, microworlds. Medium:
             Frageunterricht. Vermittlungsrahmen: Computer zu Hause
"Wenn beispielsweise eine größere geistige Beweglichkeit, eine gesteigerte verbale Fähigkeit und ein stabileres Selbstvertrauen auf diese Weise erreicht werden kann, dann scheint dies im Blick auf weiteres Lernen sogar noch wichtiger zu sein als das tatsächlich erlernte Lesen und Schreiben an sich."
"Diejenige Lehrmethode, die sich deshalb besonders für den Einsatz im Vorschulalter eignet, ist das programmierte Lernen."[17]

B–15 Argument der Individualisierung

Kann ein Kode, ein Medium, ein Vermittlungsrahmen das Lernen stärker individualisieren, spricht das Individualisierungsargument dafür, diese Reprä-

sentationsform auch schon früh einzusetzen: je früher individuell, desto individueller später.
Beispiele: Kode: LOGO. Medium: Lernmaschinen (Leselernmaschine).
Vermittlungsrahmen: Programmierter Unterricht
"Computers make it easier than ever before to meet children's special needs through individualized instruction."[18]

B–16 Argument der Selbststeuerung

Ermöglicht ein Kode, ein Medium, ein Vermittlungsrahmen größere Selbststeuerung des Lernens (auch zwischen Kindern), dann spricht das Selbststeuerungsargument dafür, diese Repräsentationsform auch schon früh einzusetzen: je früher, desto selbständiger später.
Beispiele: Kode: LOGO. Medium: Computer, Videofilmherstellung.
Vermittlungsrahmen: Projektunterricht, Selbstunterricht.
"Wäre es nicht viel besser, wenn Schüler lernten, über sich selbst, ihren Unterricht, ihre Lehrer, ihre Schule, ihre Lernprozesse nachzudenken?"[19]

B–17 Argument der Produktivität

Ermöglicht ein Kode, ein Medium, ein Vermittlungsrahmen eine größere eigene Produktivität des Lernens (Kreativität), so spricht das Produktivitätsargument dafür, diese Repräsentationsform auch schon früh einzusetzen: je früher produktiv, desto produktiver später.
Beispiele: Kode: mehrperspektivischer Unterricht, Grammatiken (pattern drill). Medium: Computer, "Baukästen". Vermittlungsrahmen: Projektunterricht
"Ein Kind, das beispielsweise lesen kann, kann anschließend mit dieser Technik unendlich viel Wissen durch selbständiges Lesen von vorhandener Literatur erwerben."[20]

5. Progressive Sozialformen

Wie ich im Kp. 2 erwähnte, kann die Fortschrittsidee auch eine "progressive" Veränderung der Gesellschaft meinen. Derartige progressive Programme können auch Inhalte von progressiven Informationen und Vermittlungen sein, deren Argumente wir in den beiden vorhergehenden Kapiteln behandelt haben.

Aber für die soziale Dimension des Fortschritts müssen wir die Begründungen für die Einführung progressiver Sozialformen noch gesondert betrachten, weil wir hier noch besondere Argumente erwarten können.

Wenn z.B. die progressive Sozialform "Kollektiv" nicht nur als Information oder als Lernprogramm gefordert wird, sondern, wie bei Makarenko oder im Kibbutz als soziale Lebensweise für Kinder pädagogisch begründet wird, dann müssen wir zusätzliche Argumente erwarten. "Kollektiverziehung", d.h. Erziehung im, durch und für das Kollektiv, ist auch ein Anwendungsgebiet für das Zukunftsargument (B−3) oder das Teilhabeargument (B−6) oder andere, aber die Einführung progressiver Sozialformen verlangt in erster Linie genuine, auf die Notwendigkeit früher progressiver Gestaltung der sozialen Lebensform von Kindern gerichtete Begründungen.

Von diesen können wir sogar erwarten, daß sie viel entschiedener als die bisherigen Argumente sind, da der betroffene Vorgang der Sozialisation oder der soziokulturellen Prägung [1] irreversibler ist als Information und Lernen.

Aber auch hier können die gegenseitige Abhängigkeit und Durchdringung der Argumente erst später, in einem zweiten Schritt (Teil III) geklärt werden.

Am Beispiel der Kollektiverziehung können wir vielleicht für den Anfang am deutlichsten erkennen, wie progressive Sozialformen Anwendungsbeispiele für den progressiven Hänschen−Schluß sein können: Eine gesellschaftliche Notwendigkeit soll die pädagogische Einführung einer neuen Sozialform verlangen und diese Einführung müßte aus bestimmten Gründen so früh wie möglich oder von Anfang an erfolgen.

So nennt z.B. M. Segal als fundamentale Konzepte der Kibbutz−Erziehung [2] folgende Punkte:

> Kibbutz−Erziehung sei "a planned system, not a "tradition"". Als kulturelles Erbe gab es die lange Geschichte eines demokratischen Systems von Erziehung und eine alte Bewußtheit von der Bedeutung der Erziehung.
> Ferner die sozialistische Vorstellung von Erziehung (sozialer Aspekt der Erziehung und Verbindung von Lernen und Arbeit), organische Verbindungen zu der neuen Erziehung der "progressive education" sowie Einflüsse aus Ost− und Zentraleuropa, von der Jugendbewegung.
> Als oberstes Ziel nennt er "to raise a kibbutz type of man", dies sei auch zum Überleben notwendig: "We intend to remain, and we find the key to that aspiration in education".
> Ein wichtiger Grund ist Chancengleichheit für die Frauen: "to relieve the mother of her daily child−rearing tasks"; auch eine "rationalization and modernization of the educational process" ist charakteristisch für die Kibbutz−Gemeinschaft. Das Kinderhaus soll ein neuer Sozialisationsfaktor sein, es soll eine Keimzelle für die Gesellschaft sein ("a feeding−ground for the society").

Die Einflüsse der Umwelt sollen in die Erziehung integriert werden, das "multiple mothering" zwischen Kinderhaus und Familie soll ein gesünderes Kinderleben hervorbringen

Sehr schön können wir erkennen, wie der progressive Hänschen−Schluß für eine Kollektiverziehung im Kinderhaus aus der Defizitprämisse (Überleben und Entwicklung der Kibbutz−Gesellschaft), einer Ursachenprämisse (Zentrale Bedeutung der Erziehung) und einer Praxisprämisse (Kinderhaus) aufgebaut und mit unseren ABC−Argumenten gestützt wird:

A: Notwendigkeit einer geplanten progressiven, sozialistischen Erziehung, um mit neuen Kibbutzmenschen das Überleben und die Entwicklung des Kibbutz zu sichern, Chancengleichheit der Frauen zu ermöglichen und den Erziehungsprozeß rational und modern zu gestalten.

B: Notwendigkeit einer frühen Kollektiverziehung als neuer Sozialisationsfaktor, als Keimzelle einer neuen Gesellschaft.

C: "Multiple mothering" nicht nur als geeignet für Kinder, sondern als "Gesundung" des kindlichen Lebens.

Somit können wir die Gründe für die Kollektiverziehung im Kibbutz ebenso wie die für andere Varianten der frühen Kollektiverziehung wie z.B. bei Makarenko [3] oder der antiautoritären Bewegung [4] als Anwendungen des progressiven Hänschen−Schlusses für progressive Sozialformen ansehen. Wir können auch erkennen, daß "Sozialisation" das entscheidende Phänomen ist, auf das sich die Argumente beziehen.

Allerdings kann hier nur eine geplante, pädagogisierte Sozialisation in Frage kommen, die wir auch intentionale Erziehung nennen können [5]. Die Schwierigkeiten eindeutiger Begriffe und eindeutiger Verwendung der Begriffe "Sozialisation" und "Erziehung" sind hier uninteressant. Unser Augenmerk liegt vor allem hier bei diesem Anwendungsgebiet auf den Begründungen für eine progressive Sozialform, insoweit sie selbst erzieherisch wirken soll.

Wir können daher auch ohne definitorische Festlegungen zunächst die Gründe, die für eine frühe pädagogische Einführung einer progressiven Sozialform sprechen, mit Aspekten oder Dimensionen der "geplanten Sozialisation" in Beziehung setzen und allgemeine Benennungen unserer Argumente gewinnen.

Bei der Darstellung der Argumente folge ich dem bisherigen ABC−Schema und suche nach Argumenten, die neben den bisher gefundenen spezifisch für die progressiven Sozialformen sind; die Zählung schließt wieder an die des vorhergehenden Kapitels an.

B. Hänschen—Argumente

Ausgehend von dem für die Begründung früher progressiver Sozialformen zentralen Vorgang der "geplanten Sozialisation" können wir drei Argumente beschreiben, die dafür sprechen, diese Formen früh in der Erziehung einzusetzen. Damit sind weder klassische Hänschen—Argumente wie z.B. das der frühen Formbarkeit noch andere wie z.B. das der notwendigen Übung außer Kraft gesetzt. Unsere Argumente hier sprechen spezifisch dafür, daß nur eine frühe Erziehung in, durch und für progressive Sozialformen den sozialen Fortschritt ermöglichen.

B—18 Argument der Sozialisation

Sofern "Sozialisation" ein früh einsetzender und lang andauernder Prozeß ist, in dem grundlegende Instrumente, Regeln und Erfahrungen für sozial bedingte und sozial notwendige Habitus und Interaktionsmuster ausgebildet werden, soll das Sozialisationsargument dafür sprechen, daß die geplante Sozialisation von Anfang an unter den Bedingungen der progressiven Sozialform stattfindet, um den Neuen Menschen und die Neue Gesellschaft zu schaffen: Weil nur Sozialisation beides schafft, muß sie von Anfang an progressiv sein.
Beispiele: Kinderhaus im Kibbutz, Familienkollektiv (Makarenko)
"Und da der Sozialismus des erwachsenden Arbeiters stets an der Wohnungstür ein Ende hatte, muß die Erziehung zum Sozialismus schon beim Kind beginnen."[6]

B—19 Argument der ideologischen Konsequenz

Da auch die "geplante Sozialisation" immer unter den Einflüssen einer noch traditionellen sozialen Umwelt stattfindet, muß die geplante Sozialform der Erziehung einerseits kontrainduktive Einflüsse abweisen. Dies wird z.B. durch Isolation versucht. Andererseits soll sie konsequent mit den allgemeinen Prinzipien der progressiven Gesellschaft übereinstimmen. Daher spricht das Konsequenzargument dafür, progressive Sozialformen für alle Mitglieder, also auch für Kinder, gelten zu lassen bzw. die Sozialformen für Kinder als Konsequenz der allgemeinen zu gestalten: Weil es allgemeine, prinzipielle progressive Sozialformen geben soll, müssen sie konsequenterweise auch für Kinder gelten, bzw. diese müssen sich ihnen unterordnen.
Beispiele: Chancengleichheit der Frauen — — Kinderhaus, Demokratische
    Selbstbestimmung — — Antiautoritärer Erziehungsstil

"Manche dieser Rechte scheinen für kleine Kinder nicht angemessen zu sein. Doch sollten diese Rechte den kleinen Kindern nicht allein wegen ihres Alters vorenthalten werden, da man sie auch alten Menschen nicht verweigert,..."[7)]

B-20 Argument der Transformation

Da die geplante neue Gesellschaft und ihre Neuen Menschen aus der traditionellen Gesellschaft entstehen muß und diese Transformation gesichert werden muß, spricht das Transformationsargument dafür, durch progressive Sozialisation von Anfang an, sozusagen biologisch durch die neue Generation und die Möglichkeit, diese rein, ideal nach den neuen Prinzipien zu sozialisieren, zu sichern: Weil die Neue Gesellschaft am besten durch eine neue Generation gesichert werden kann, muß die progressive Sozialisation von Anfang an erfolgen.
Beispiel: Erziehung zur Demokratie
"Sie [fortschreitende Gesellschaften] bemühen sich, die Erfahrungen der Jungen so zu gestalten, daß sie nicht die laufenden Gewohnheiten erneuern, sondern daß bessere entstehen, damit die *zukünftige* Gesellschaft der Erwachsenen besser sei als die gegenwärtige."[8)]

C. Eignungsargumente

Eignungsargumente sollen begründen, daß schon Kinder fähig sind, progressive Sozialformen zu bewältigen. Neben dem bisher beschriebenen Fähigkeitsargument und Zumutungsargument findet sich hier noch ein weiteres Argument, das dafür spricht, daß die progressive Sozialform für Kinder geeignet ist:

C-3 Argument der besseren Entwicklung
Beispiel: geistige Gesundheit
"Thirdly, we believe that the "multiple mothering" involved in shared child-rearing between family and the children's home, should bring about a healthier child life."[9)]

6. Progressive Weltanschauungen

Schon historisch üblich ist es, wie wir bei den klassischen Hänschen-Schlüssen sehen konnten, Kinder so früh wie möglich auch mit Glaubenslehren vertraut zu machen. Können sie doch die letzten und tiefsten Gründe liefern, Erziehung, Unterricht und Bildung in der rechten Weise zu gestalten und dies von früh an, weil frühe Formbarkeit, Notwendigkeit der Gewöhnung und Verhinderung falscher Einflüsse dies verlangen.

Progressive Weltanschauungen wollen wir alle diejenigen transzendenten oder die sie im Zuge der Säkularisierung ersetzenden Orientierungen nennen, die letzte Gründe für den menschlichen Fortschritt geben und für ihn pädagogische Vermittlung für notwendig erachten.[1)]

Insofern könnte die Fortschrittsidee selbst die eigentliche progressive Metaphysik sein, wenn es sie als eine inhaltlich einheitliche und pädagogisch praktische Idee gäbe.[2)]

Aber es gibt viele unterschiedliche Weltpläne, die sich im Fortschritt wähnen und wähnten und aus ihm ihre letzten Gründe und pädagogischen Argumente ziehen.

Außerdem wollen wir pädagogisch auch diejenigen Orientierungen zu den progressiven zählen, die statt Fortschritt eine tiefgreifende Wende menschlicher Orientierungen durch die Erziehung der Kinder herbeiführen und vorantreiben wollen bzw. eine innere oder äußere Teilhabe von Kindern an ihr.

Wir wollen also unter progressiven Weltanschauungen nur diejenigen betrachten, bei denen verlangt und begründet wird, daß sie zum Zwecke ihrer Verwirklichung auch schon Kindern vermittelt werden müßten. Weltanschauungen wollen wir sie nennen, wenn durch sie ein letzter Grund für alle anderen pädagogischen Gründe zum Ausdruck gebracht wird.

Als Anwendungen progressiver Hänschen–Schlüsse sind sie aus zwei Gründen interessant. Für Hänschen–Schlüsse erscheinen ihre Begründungen besonders aufschlußreich, da man eigentlich annehmen könnte, letzte Gründe seien eher für Erwachsene als Ausdruck ihrer Bildung nachzuvollziehen, weniger für Kinder zum Beginn ihrer Bildung.

Zweitens könnten wir vermuten, daß letzte Gründe zwar alle anderen Gründe fundieren, aber deswegen keine eigenen spezifischen Gründe mehr abgeben dafür, daß progressive Weltanschauungen früh vermittelt werden müßten.

So können für ihre frühe Vermittlung die Argumente der Wahrheit (B–1), der Zukunft (B–3), der Teilhabe (B–6), der Verantwortung (B–7), der Realität (B–10), der Gesinnung (B–9), der Sozialisation (B–18) oder der Transformation (B–20) durchaus schon allein sprechen, wenn begründet ist (durch A–Argumente), daß die Metaphysik notwendig vermittelt werden muß.

Wissenschaftlich diskutierbare Gründe sind hier allerdings schwerlich zu erwarten. Trotzdem bleibt die Frage, ob es nicht doch noch direkte Argumente für die frühe Vermittlung gibt, die wir dann diskutieren können. Denn immerhin werden metaphysisch orientierte pädagogische Entscheidungen und ihre Programme kritisch diskutiert.

Nun gibt es natürlich zu Weltanschauungen kein Gegenteil, daher auch keinen weltanschaulichen Freiraum. Daher entspringt jede Kritik an pädagogischer Orientierung an einer Weltanschauung selbst einer anderen Weltanschauung. Dies gilt auch für die nach der Säkularisierung sich von Weltanschauung als frei verstehenden Wissenschaften und Pseudowissenschaften (Marxismus, Kritische Theorie).

Gerade ihre frühe Vermittlung an Kinder kann in Konkurrenz mit klassischen Religionen treten und tut dies auch, besonders bei progressiven Weltanschauungen. Hier soll dann nicht nur der sprichwörtliche Kinderglauben so früh wie möglich aufgeklärt werden, sondern recht eigentlich gar nicht erst entstehen. Angst erregende Geister, strafende Dunkelmänner, beglückende Feen und liebe Sonne, Mond und Sterne wie überhaupt die animistischen Belebungen und spirituellen Anschauungen sollen Rationalität, Aufklärung und kritischer Bewußtmachung weichen. Umgekehrt können angesichts moderner, verweltlichter Rationalität Revitalisierungen (wie bei der Re–Islamisierung) den Gang der Weltgeschichte verändern und ihre Interpretationen schon Kindern vermitteln wollen.

Ob derartige weltanschauliche Orientierungen nicht nur hinter den bisher genannten Argumenten progressiver Hänschen–Schlüsse stehen können, sondern auch unabhängig von der jeweiligen Wahl der Argumente noch eigene Argumente verwenden können, danach soll hier gesucht werden. Denn daß hier pädagogische Entscheidungen fallen und diese Entscheidungen pädagogische Wirkungen zeitigen, unterstellt nicht zuletzt die pädagogische Kritik, selbst dort noch, wo eine solche Absicht zur frühen Vermittlung geleugnet wird[3].

Daher wollen wir versuchen, auch hier Argumentationsmöglichkeiten und damit für später Diskussionsmöglichkeiten zu finden.

B. Hänschen–Argumente

B–21 Heilsargument

> Sofern eine neue weltanschauliche Orientierung des Sinns, der Erfahrung und des Handelns gegenüber einer anderen Weltanschauung ein Heil darstellen soll, ist nicht nur ihre Vermittlung begründet, sondern auch ihre frühe Vermittlung, denn dann darf sie auch Kindern nicht vorenthalten werden.

Beispiele: Aufklärung, Emanzipation, Autonomie
"Haben Kinder durch Selbstregulierung eine Gruppenkonstellation erlebt, werden sie durch dieses erweiterte Realitätsprinzip stabilisiert."
"Kinder verschiedener sozialer Herkunft mit unterschiedlicher Lerngeschichte zu befähigen, in Situationen ihres gegenwärtigen und zukünftigen Lebens möglichst autonom und kompetent denken und handeln zu können."[4]

B-22 Argument der Wirklichkeit

Wenn eine Weltanschauung meint, einem neuen Grundprinzip oder −wert der Welterfassung zu gehorchen oder es zur Geltung bringen zu müssen, dann muß diese neue Orientierung überall und immer gelten, also auch für Kinder von Bedeutung sein.
Beispiele: Klassenkampf (Marxismus), Vernunft (Aufklärung), Wissenschaftlichkeit
"Die Wissenschaftsorientierung von Lerngegenstand und Lernmethode gilt für den Unterricht auf jeder Altersstufe."[5]

B-23 Argument des Weltenplans

Meint eine neue Weltanschauung, den Sinn des Weltenlaufes zu kennen, dann ist alles auf die Erfüllung dieses Weltenplans zu richten und dies beginnt bei den Kindern.
Beispiel: Marxismus
"Der aufgeklärtere Teil der Arbeiterklasse begreift jedoch sehr gut, daß die Zukunft seiner Klasse und damit die Zukunft der Menschheit völlig von der Erziehung der heranwachsenden Arbeitergeneration abhängt. Er weiß, daß vor allem anderen die Kinder und jugendlichen Arbeiter vor den verderblichen Folgen des gegenwärtigen Systems bewahrt werden müssen."[6]

Liste der Argumente

A. Notwendigkeitsargumente

    A – 1 Unausweichlichkeit
    A – 2 Vorteil
    A – 3 Katastrophe

B. Hänschen – Argumente

    B – 1 Wahrheit
    B – 2 Einfachheit
    B – 3 Zukunft
    B – 4 Förderung
    B – 5 Gefahr
    B – 6 Teilhabe
    B – 7 Verantwortung
    B – 8 Widerstand
    B – 9 Gesinnung
    B – 10 Realismus
    B – 11 Lebenshilfe
    B – 12 Leistungssteigerung
    B – 13 Systematik
    B – 14 Effektivität
    B – 15 Individualisierung
    B – 16 Selbststeuerung
    B – 17 Produktivität
    B – 18 Sozialisation
    B – 19 ideologische Konsequenz
    B – 20 Transformation
    B – 21 Heilsargument
    B – 22 Wirklichkeit
    B – 23 Weltenplan

C. Eignungsargumente

    C – 1 Fähigkeit
    C – 2 Zumutung
    C – 3 bessere Entwicklung

Teil III ANALYSE

In diesem dritten Teil will ich die Hauptbestandteile zum progressiven Hänschen—Schluß: Argumente, Stützungen, Argumentationsschema, Relativierungen und Fehlschlüsse analytisch darstellen. Die Analyse beinhaltet noch keine Diskussion und Evaluation des progressiven Hänschen—Schlusses, sondern soll sein ABC in seiner eigenen Systematik und Logik darstellen.

Eine solche Absicht, den Hänschen—Schluß unabhängig von seinen jeweils konkreten Kontexten zu behandeln, ist nicht unproblematisch. Ist es nicht angemessener, die Argumentation des Hänschen—Schlusses themenspezifisch darzustellen, um vor allem themenspezifisches Fachwissen berücksichtigen zu können?

Darauf wird man sicherlich nicht verzichten können, aber eine themenspezifische setzt ebenso wie eine situationsspezifische Diskussion die Kenntnis allgemeiner Argumente und ihrer Probleme voraus. Die Analyse muß zunächst die Struktur und Beweiskraft des Hänschen—Schlusses als solchen analysieren, bevor seine thematischen, epochalen und situativen Kontextbedingungen als Modifikationen und die Notwendigkeit zusätzlicher Argumentationsmittel diskutiert werden können.

Insofern sollten sich schon aus der systematischen Analyse Erkenntnisse über Stärken und Schwächen des Schlusses als Vorarbeiten für die Diskussion und Bewertung gewinnen lassen.

7. Argumente

Ausgehend von den im Teil II beschriebenen Argumenten des progressiven Hänschen—Schlusses, will ich in diesem Kapitel die Systematik und Logik der Argumente darstellen. Damit versuche ich, folgende Fragen zu beantworten:

— Was ist ein pädagogisches Argument im Hänschen—Schluß?
— Welche Argumente können in diesem Schluß verwendet werden?
— Welche Stärken und Schwächen der Argumente müssen diskutiert werden?

Zur Analyse müssen wir nun genauer *Argument* definieren. Das, was ich bis Hänschen—Schluß genannt habe, wird nach der deduktionslogischen Argumentationstheorie[1] Argument genannt:

"Ein Argument ist ein vollständiger Schluß aus zwei oder mehr Thesen, d.h. das Ganze von Prämissen und Conclusio."

Als pädagogisches Argument kann aber auch jeder in einem pädagogischen Text inhaltlich von anderen unterscheidbarer Grund gelten, die ein Autor als Argument für seine Behauptung anführt.[2] Dies sind Argumente im umgangssprachlichen Sinne und in der an der Alltagssprache orientierten Argumentationstheorie, wie sie E.v. Savigny definiert hat: ""x ist ein Argument" trifft zu, wenn gilt: "ein Autor bringt x als Argument für/gegen etwas oder bringt etwas als Argument für/gegen x, und x läßt sich nicht in Teile zerlegen, deren erster der Autor als Argument für/gegen den zweiten bringt oder umgekehrt"."[3]

Solcher Art sind die bisher von mir beschriebenen Argumente. Im folgenden sollen sie zur Unterscheidung als 'Argumente bezeichnet werden. Weitere logisch mögliche Tiefenstaffelungen (''Argumente, '''Argumente) verwende ich nicht. Dagegen werde ich im Kp. 12 ein unvollständiges Argument als *Argument darstellen.

Ein Argument besteht logisch aus Daten, Prämissen, Stützungen, Schlußregeln und Konklusionen[4] und kann unterschiedlich dargestellt werden [Abb. 3].

Abb. 3 Strukturdarstellungen eines Arguments

I (nach Toulmin [4])

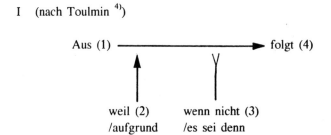

II (Klassische Form)

    (1) Prämisse (Thesen, Daten)
    (2) Prämisse (oder Schlußregel)
    (3) Ausnahmeklauseln
    (4) Schluß

III (nach Savigny [3])

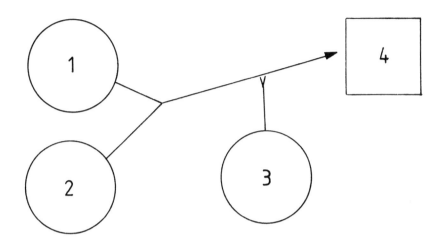

Diese Bestandteile eines Arguments können also ihrerseits als 'Argumente betrachtet werden. Aber auch die Begründung eines ganzen Textes kann als Argument aufgefaßt werden, das in anderen Texten als Prämisse/These ('Argument) verwendet werden kann, was verschiedene Ebenen der Betrachtung ergibt [Abb. 4].

"Pädagogisch" werden Argumente hier zunächst genannt, sofern sie in pädagogischen Texten vorkommen. "Pädagogisch" sind also auch unsere A−'Argumente (Notwendigkeit), die ja in der Übernahme aus anderen Bereichen ebenso pädagogisiert sind wie C−'Argumente (Eignung). In beiden Fällen muß die pädagogische Argumentation wie natürlich auch bei den B−'Argumenten außerpädagogische Informationen verwenden, dies aber unter pädagogischem Aspekt, dessen Bestimmung ich hier nicht diskutiere[5].

Das Interesse der Analyse richtet sich hier allerdings nicht auf das ganze Schlußschema als Argument, sondern nur auf seine Bestandteile. Auch diese können wieder als einzelne 'Argumente betrachtet werden, obwohl sie umgangssprachlich und in den Texten meist einfach als "Grund" erscheinen.

Als "Argument" betrachten wir hier also nicht das ganze Schlußschema (unser Gegenstand in Kp. 8) mit seinen Prämissen, sondern die einzelnen Gründe der Prämissen. Von diesen können wir wiederum die Gründe für die Gründe als "Stützungen" unterscheiden (vgl. Kp. 9).

Abb. 4 Ebenen der Analyse

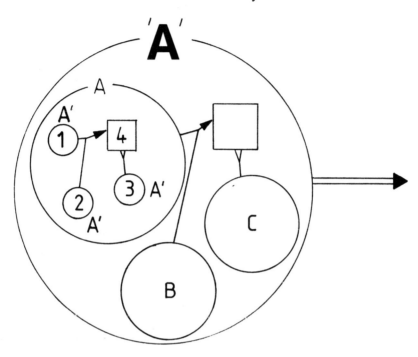

Eine wesentliche Aufgabe der Aufbereitung von Hänschen–'Argumenten besteht in der kategorialen Klassifikation der 'Argumente. Wir können hier weder allgemeine Klassifikationen (wie z.B. die von Toulmin)[6] noch spezifische aus Nachbardisziplinen (wie z.B. die von Grewendorf)[7] verwenden, sondern es "... müssen Argumente in einer Weise klassifiziert werden, durch die die relevanten fachspezifischen Begründungspotentiale erfaßt werden."[8]

Als Material stehen uns zunächst die 20 unsystematisch aus Texten gewonnenen 'Argumente aus Teil II (Anwendungen) zur Verfügung. Allerdings haben wir dort die Probleme der Vollständigkeit, der Hierarchisierung und der Überschneidungen noch nicht berücksichtigt.

Eine besondere Problematik für eine Systematik pädagogischer 'Argumente stellt auch ihre Heterogenität dar[9]. Diese erschwert einerseits die Übersicht relevanter Aspekte (systematisches Problem), andererseits die Vergleichbarkeit der Argumente (Evaluationsproblem).

Betrachten wir die unterschiedlichen Sachbereiche und Themen in den Anwendungen des Hänschen–Arguments, aber vor allem die verschiedenen Intentionen

(Wissen, Konflikte, Sozialformen, Weltanschauungen) oder Motive (Zukunft, Realismus), dann erscheint eine systematische Ordnung beliebig und auf Vollständigkeit schwer überprüfbar. Auch dies spricht dafür, das Hänschen−Argument systematisch, d.h. für alle möglichen Anwendungen darzustellen.

Aus diesem Grund der unüberwindbaren Heterogenität bzw. der prinzipiellen Offenheit der Herkünfte von 'Argumenten erscheint es auch nicht sinnvoll, sozusagen von einer allumfassenden Welttheorie (die auch von "totalitären" Theorien wie Evolutions−, System− oder Informationstheorie wegen ihrer Aspekthaftigkeit nicht erreicht wird) alle möglichen Argumentquellen zu erfassen. Sinnvoller erscheint es mir, die Systematik der 'Argumente zunächst aus der Logik des Hänschen−Arguments selbst zu entwickeln.

Daraus ergeben sich zunächst drei Argumentklassen, die ich ABC−'Argumente genannt habe. Diese ergeben sich aus der Logik des Argumentschemas:

Prämisse/These A: Gründe für die Notwendigkeit von Vermittlungen
Prämisse/These B: Gründe für die Notwendigkeit früher Vermittlungen
Einschränkungen C: Gründe für die Eignung früher Vermittlungen

Wir werden später (Kp. 8) sehen, daß damit noch nicht alle 'Argumente erfaßt werden können, weil dieses Grundschema nicht hinreicht.

Lassen sich nun diese drei Klassen auch aus der Logik der Hänschen−Argumentation systematisch weiter ausdifferenzieren?

A − 'Argumente

Eine Ausdifferenzierung der A−'Argumente scheint nicht notwendig. Sofern es Argumente für die Notwendigkeit von pädagogischen Vermittlungen gibt und es offen bleibt, wann/wo/wie diese Vermittlungen erfolgen sollen, sind es keine Argumente dafür, warum etwas früh vermittelt werden muß. Wenn sie aber als Prämissen im Hänschen−Argument widerlegt werden können, ist das auf sie aufbauende Hänschen−Argument auch widerlegt.

Den von uns bisher gefundenen A−'Argumenten (Kp. 6, z.B. Unausweichlichkeit) liegt folgende formale Struktur zugrunde:

1. (A_1)   (x) ist zukünftig für Menschen* wichtig
2. (A_2)   Pädagogik muß Menschen auf ihre Zukunft richtig vorbereiten
3. (A_3)   Es sei denn, (x) wird auch ohne Pädagogik richtig vermittelt
          oder
          (x) ist pädagogisch nicht vermittelbar
          oder
          (x) ist pädagogisch nicht vertretbar

———————————

4. Schluß: Folglich muß (x) pädagogisch vermittelt werden

Daraus ergeben sich 3 Klassen von Argumenten zur Notwendigkeit pädagogischer Vermittlungen, die auch für das Hänschen−Argument von Interesse sein können:

− 'Argumente zur zukünftigen Bedeutung von (x) (A_1)
− 'Argumente zur richtigen pädagogischen Vorbereitung auf die Zukunft (A_2)
− 'Argumente, warum (x) pädagogisch nicht vermittelt werden sollte (A_3)

Die erste Klasse von A−'Argumenten hat wiederum formal folgende Struktur:

1. (A_{11})   (x) wird es zukünftig geben oder soll es geben
2. (A_{12})   (x) wird zukünftig wichtig für Menschen sein
3. (A_{13})   Es sei denn, (x) wird zukünftig nicht wichtig sein

———————————

4. Schluß: (x) ist zukünftig wichtig für Menschen

Während A_{11} entweder empirisch (z.B. (x) als Problem der Überbevölkerung, der Computerentwicklung) oder ethisch (Frieden) gestützt werden muß und für A_{12} sich die Bedeutung entweder als Bedingung für (x) oder als Folge von (x) ergibt, kann A_{13} neben der Vorbehaltsklausel einer veränderten Zukunft auch ein die Pädagogik betreffendes reflexives 'Argument beinhalten: Ob (x) zukünftig von Menschen für wichtig gehalten wird und ob es daher (x) möglicherweise überhaupt nicht geben wird, kann von dem Erfolg der pädagogischen Argumentation (und der Verwirklichung ihres Programms) selbst abhängen. Das pädagogische 'Argument gilt nur, wenn es überzeugt; es überzeugt nur, wenn es gilt.

———

* Allgemein gilt pädagogisch das Argument für alle Menschen, nicht nur wie traditionell pädagogisch für Kinder, wenn die Pädagogik auch für Erwachsene zuständig ist.

Das muß allerdings dann nicht in jedem Falle ein Zirkelschluß sein, wenn die pädagogische Argumentation vornehmlich eine didaktische Funktion hat.

Außerdem ist ein solches argumentum ad futurum mit K. Prange als konstitutiv für die Pädagogik anzusehen: "Mir scheint, daß dieses "argumentum ad futurum" sein sachliches Fundament in der pädagogischen Situation selber hat. Das heißt, eine Situation wird dadurch pädagogisch, daß das Verhalten jetzt sub specie futuri gesehen wird."[10]

Nur wenn die Weltgesellschaft zum Edukanden und die Pädagogen zu ihrem Lehrer werden, kann das argumentum ad futurum wenig überzeugen, wenn nicht zusätzliche und überzeugende Argumente zur Verwirklichung vorgelegt werden: "Überspitzt gesagt: die Weltlage wird in eine pädagogische Situation verwandelt und die Weltgesellschaft zu einem Erziehungsobjekt, als ob sie Kind oder ein Schüler sei. Weil das aber direkt nicht durchführbar ist, ..."[11]

Seit Comenius' Pampädie mit ihren detaillierten theoretischen und praktischen Argumenten für eine totale Pädagogik müssen auch die ästhetische Überzeugungskraft[12] ebenso wie der nur durch die Verallgemeinerung des moralischen Willens aufhebbare Zirkel der Argumentation als besonderes Problem des argumentum ad futurum diskutiert werden.

Während wir also für die A_1 – 'Argumente der notwendigen Vermittlung unterscheiden können, ob wir es mit einem

(A_{111}) argumentum ad futurum educandi oder
(A_{112}) argumentum ad futurum mundi

zu tun haben, können wir innerhalb der A_1 – Thesen danach Klassen von 'Argumenten unterscheiden, ob (x) *ohne Voraussetzung* der Pädagogik

(A_{121}) 'Argument der Unausweichlichkeit

oder *unter Voraussetzung* von Pädagogik Bedeutung erlangt:

(A_{122}) 'Argument der wünschenswerten Herbeiführung
(A_{123}) 'Argument der notwendigen Verhinderung

(A_{13}) ist als argumentative Vorbehaltsklausel hier nicht von Interesse, weil es ein argumentum ad ignorantiam ist.

Die *zweite* Klasse von A – 'Argumenten hat formal folgende Struktur:

1. (A_{21}) Es gibt richtige und falsche (pädagogische) Vorbereitungen auf die Zukunft

2. (A_{22}) Die Pädagogik muß auf richtiges Handeln abzielen

3. (A_{23}) Es sei denn, äußere oder innere Bedingungen schränken die Möglichkeit dazu ein
- - - - - - - - - - - -
4. Schluß: Folglich muß die Pädagogik Menschen auf ihre Zukunft richtig vorbereiten

So banal diese A_2 – 'Argumente zunächst aussehen, so entscheidend können sie doch für den Hänschen – Schluß sein, enthalten sie doch die wichtigsten Kriterien erziehungswissenschaftlichen Wissens und professioneller Reflexion.

Daher müssen wir hier bei näherer Analyse von weiter ausdifferenzierten Argumenten einerseits die Fülle fachlicher Gesichtspunkte des richtigen pädagogischen Handelns erwarten (z.B. methodische, didaktische, bildungspolitische, curriculare etc. Gründe), andererseits wissen wir, daß es hier keine systematisch – deduktive Sicherheit, keine hinreichenden Kenntnisse und keine allgemeingültigen Kriterien gibt; es wird immer problemspezifisch, d.h. topologisch[13] argumentiert werden müssen.

Hier spielen vor allem auch die impliziten oder expliziten Gründe eine wichtige Rolle, die das "professionelle" Handeln auszeichnen.[14]

Das zeigt sich nicht zuletzt an den 'Argumenten der Ausnahmeklauseln. Als konstitutivem Pendant zum pädagogischen argumentum ad futurum gibt es hier die "Sollte – aber – kann – noch – nicht – Argumentation", wie sie B. Burow genannt hat:

"Die Pädagogik/Erziehungswissenschaft sollte alle ihre Kenntnisse der mangelhaften vorfindlichen (im Vergleich zur 'geistigen') Wirklichkeit, in der sie arbeiten muß, wie auch die ihr zur Disposition stehenden Kenntnisse der makellosen zu erstrebenden Wirklichkeit für eine Veränderung einsetzen, die eine Verbesserung der bestehenden Lage implizieren würde. Leider kann die Pädagogik/Erziehungswissenschaft das noch nicht zufriedenstellend leisten, weil die zur Verfügung stehenden Kenntnisse noch nicht detailliert und/oder umfassend genug sind, bzw. weil die bestehenden Verhältnisse der Erkenntnis vorläufig noch einen Widerstand entgegensetzen. Was als Grund für die unzureichende Erfüllung des jeweiligen im

Rahmen eines besonderen Konzeptes akzeptierten Programms (sollte) tatsächlich angegeben wird, ist positionsabhängig, fast immer finden wir aber eine Entschuldigung dafür, daß Erziehungswissenschaft/Pädagogik das noch nicht leisten kann, was sie sich selbst abverlangt."[15]

Mit ihr muß einerseits die Kenntnis des richtigen Handelns bewußt gehalten werden, andererseits dürfen die Grenzen der Erziehung[16] nicht fahrlässig überspielt werden.

Wir werden daher für die Gültigkeit des Hänschen−Arguments auch die folgenden Klassen von 'Argumenten zu prüfen haben:

(A_{21}) 'Argumente der erziehungswissenschaftlich richtigen Erziehung
(A_{22}) 'Argumente der professionell richtigen Erziehung
(A_{23}) 'Argumente der Grenzen der Erziehung

Die dritte Klasse von A−'Argumenten betrifft die allgemeinen Vorbehaltsklauseln und sie hat formal folgende Struktur:

1. (A_{31})   Pädagogik soll nur pädagogisch Vermittelbares vermitteln
2. (A_{32})   (x) wird a) anders vermittelt oder
               b) ist pädagogisch nicht vertretbar oder
               c) ist pädagogisch nicht vermittelbar
3. (A_{33})   Es sei denn, es gibt andere (pädagogische) Gründe für die Vermittlung von (x)

− − − − − − − − − − −

4. Schluß: (x) soll pädagogisch nicht vermittelt werden

Einschränkungsklauseln sind für die Prüfung der 'Argumente nicht unwichtig, da sie wichtige Einwände enthalten können. Ebenso wie wir bei den A_2−'Argumenten fachliche Diskussionen über ihre jeweilige Gültigkeit erwarten müssen, können auch die A_3−'Argumente fachliche oder professionelle Einwände enthalten, die für das Hänschen−Argument von Bedeutung sind.

Während das A_{31}−'Argument banal oder tautologisch wirkt, tatsächlich aber in die definitorischen und methodologischen Probleme des "Pädagogischen"[17] führt, sind die drei möglichen Gegenargumente A_{32} a−c eindeutiger zu handhaben: Gegen die Notwendigkeit einer pädagogischen Vermittlung spricht es, wenn (x) (z.B. der Umgang mit dem Computer) selbstverständlich im alltäglichen Umgang vermittelt wird oder wenn (x) (z.B. Terrorismus) ethisch nicht vertretbar ist oder wenn (x) (wie z.B. Genie−Sein) gar nicht pädagogisch vermittelbar ist.

Formal müßte es auch beim A_3-'Argument Vorbehaltsklauseln geben, ihr Inhalt aber ist schwerer vorstellbar. Es mag außerpädagogische Gründe (z.B. berufsständische) geben oder pädagogische Gründe, die nicht die Vermittlung von (x) betreffen (z.B. "Beschäftigungstherapie").

Aber mit ihnen ließe sich wohl kaum ein A_3-'Argument als inhaltliche These, daß (x) notwendigerweise zu vermitteln sei, gültig machen. Es erscheint dann sinnvoller, eine Argumentation mit dem wirklichen Grund zu versuchen, wenigstens als seriöser Erziehungswissenschaftler.

So können wir als relevante Argumentationsklassen folgende hier festhalten:

(A_{31})   'Argumente der pädagogischen Vermittlungskriterien
(A_{321}) 'Argumente der nichtpädagogischen Substituierbarkeit
(A_{322}) 'Argumente der pädagogischen Unvertretbarkeit
(A_{323}) 'Argumente der pädagogischen Unvermittelbarkeit

(A_{33})   'Argumente anderer (pädagogischer) Absichten.

B $-$ 'Argumente

Auch hier sind wir vor allem an der Logik und der Systematik der allgemeinen 'Argumente der B$-$These, daß etwas früh vermittelt werden muß, interessiert. Das 'Argument der B$-$These sieht formal so aus:

1. (B_1)   Inhalte mit den Merkmalen y_{ij} müssen früh vermittelt werden
2. (B_2)   (x) hat eines dieser Merkmale
3. (B_3)   Es sei denn, andere Merkmale von (x) sprechen gegen eine frühe Vermittlung

----

4. Schluß: (x) muß früh vermittelt werden

Betrachten wir wiederum die Prämissen/Thesen dieses B$-$'Arguments ihrerseits als 'Argumente, sehen wir, daß die Klasse der B_2-'Argumente am einfachsten zu beurteilen sind. Sofern das y_i in B_1 bestimmt worden ist, dürften sie in der Regel empirisch überprüfbar sein und keine pädagogische Diskussion erfordern.

B_3-'Argumente dagegen verlangen, daß alle Merkmale von (x) überprüft werden. Daher betrachten wir zunächst die B_1-'Argumente.

Die Klasse der B_1 – 'Argumente kann nach Art der geforderten Merkmale ausdifferenziert werden.

Während (x_{ij}) für die Menge des pädagogisch zu Vermittelnden (also Wissen, Verhaltensformen, weltanschauliche Orientierungen, Sozialformen, Vermittlungsweisen) steht, können (y_{ij}) einerseits nicht eindeutig den (x_{ij}) zugeordnet werden, stehen vielmehr systematisch quer dazu, andererseits werden sie zur Argumentation nur selektiv herangezogen. Besser für eine Systematik der 'Argumente eignet sich daher ein System der für die frühe Vermittlung wichtigen pädagogischen Größen: Wirklichkeit und Individuum, Lernen und Sozialisation, dessen Vollständigkeit wir erst im Teil IV (Evaluation) prüfen.

Daher ergeben sich zunächst 4 Klassen von B_1 – 'Argumenten:

B_{11} Klasse der Wirklichkeitsargumente
B_{12} Klasse der Individualargumente
B_{13} Klasse der Sozialisationsargumente
B_{14} Klasse der Lernargumente

Wirklichkeitsargumente enthalten Sätze, in denen Abbildungseigenschaften wie richtig, wahr, realistisch etc. als Begründung für die Inhalte und ihre frühe Bevorzugung genannt werden. Sie können sich auf Wissen, Sozialformen, Vermittlungsweisen und Weltanschauungen beziehen.

Oft scheinen sie der Logik zu folgen: Etwas soll früh vermittelt werden, weil es wahr oder ... ist. Aber nicht alles, was (y_{ij}) ist, muß auch früh vermittelt werden.

Da daraus, daß etwas wahr oder ... ist, nicht auch schon folgen kann, daß es früh vermittelt werden muß, ist eher folgende Logik ex negativo anzunehmen: Etwas Falsches, Unwahres, Unrealistisches soll nicht vermittelt werden, daher auch nicht früh vermittelt werden. Oder: Wenn überhaupt etwas pädagogisch vermittelt werden soll, dann soll es wahr oder ... sein. Das gilt auch für frühe Vermittlungen.

Danach haben B_{11} – 'Argumente formal folgende Struktur:

1. (B_{111}) Pädagogische Vermittlungen sollen Wirklichkeit (y_{ij}) abbilden
2. (B_{112}) Eine frühe Vermittlung ist eine pädagogische Vermittlung
3. (B_{113}) Es sei denn, die (y_i) – Abbildung verhindert ihre Vermittlung
– – – – – – – – – – – –
4. Schluß: Frühe Vermittlungen von (x) müssen es (y_{ij}) abbilden

Da der Schluß und seine Prämissen als solche richtig erscheinen, kann sich die pädagogische Diskussion nur auf die inhaltliche Auswahl und Bestimmung von (y_i) und die Gründe der Ausnahmeklausel richten. Das bedeutet, daß sowohl das $B_{111}-$ wie das $B_{113}-$Argument expliziert werden müssen.

So würden wir in der Regel für B_{111} nur fordern, daß die vermittelte Wirklichkeit zu einem Wirklichkeitsbild mit der Eigenschaft (y_i) führt, Weg und Ziel müssen also unterschieden werden. Die obige These B_{111} kann eigentlich nur für das Zielprodukt gelten, um nicht in Widerspruch mit der Ausnahmeklausel B_{113} zu geraten.

Das bedeutet, daß hier die pädagogische Funktion oder Wirkung von (y_{ij}) das eigentliche pädagogische Kriterium für das 'Argument sein muß. Daher kann das 'Argument an drei Stellen diskutiert werden: Welche Merkmale (y_{ij}) werden pädagogisch für wichtig gehalten, ist die Zuordnung von (x) und (y_{ij}) unstrittig und ist die Vorbehaltklausel ungültig?

Wird z.B. für die frühe Vermittlung eines Weltbildes das Merkmal seiner wissenschaftlichen Wahrheit für entscheidend gehalten, dann darf die frühe Vermittlung weder den späteren und endgültigen Aufbau eines wissenschaftlichen Weltbildes gefährden oder stören, noch darf bestritten werden können, daß das wissenschaftliche Bild der Welt ihr wahres Bild ist.

Die $B_{11}-$'Argumente müssen also für die Diskussion folgende 'Argumente überprüfbar enthalten:

B_{111} 'Argumente des entscheidenden Wirklichkeitsmerkmals
B_{113} 'Argumente des ungefährdeten Wirklichkeitsaufbaus

Individualargumente (B_{12}) enthalten Sätze, in denen der individuelle Nutzen für den Zögling als Begründung für die Bevorzugung bestimmter Inhalte genannt werden. Sie können sich wiederum auf Wissen, Sozialformen, Vermittlungsweisen und weltanschauliche Orientierungen beziehen. Sie folgen der Logik: Je früher etwas vermittelt wird, um so größer ist der individuelle Nutzen für den Zögling. Auch hier gilt nicht jede Umkehrung, aber eine weite Bedeutung von Nutzen.

Insofern könnte dieses 'Argument immer als implizite Rechtfertigung für alle anderen B-'Argumente gedacht werden. Es muß hier aber von ihnen unterschieden werden als ein autonomes 'Argument, das sich seinerseits auch nicht rechtfertigt durch die drei anderen Argumentklassen. Der "Nutzen" einer frühen Vermittlung christlichen Glaubens (Taufe/Gnade) oder der Verkehrsgefahren (Überleben) ist weder als wahres Wissen (oder als Sozialisation, Lernen) gerechtfertigt, sondern eben durch den "Nutzen" und kann umgekehrt auch nicht diese rechtfertigen.

Seine formale Struktur ist vielmehr folgende:

1. (B_{121})   (x) bringt den individuellen Nutzen (z)
2. (B_{122})   Je früher (x) vermittelt wird, desto größer/eher ist (z)
3. (B_{123})   Es sei denn, der Nutzen (z) kann für Kinder anders erbracht werden
----
4. Schluß: (x) muß möglichst früh vermittelt werden.

Für eine pädagogische Diskussion ist zu beachten, daß nicht nur der allgemeine Nutzen (z) gerechtfertigt werden muß, sondern ebenso sehr die in B_{122} gemachte Voraussetzung der im Lebenslauf gleichbleibenden Bedeutung von (z). Daher kann geprüft werden, ob der Nutzen nicht auch anders gewährleistet werden kann (Verkehr ändern) und wie hoch die (pädagogischen) Kosten für diesen Nutzen sind.

Diskutierbar sind also die 'Argumente:

B_{121} 'Argumente der Nützlichkeit von (x)
B_{122} 'Argumente der Dauer des Nutzens
B_{123} 'Argumente der Substituierbarkeit

Sozialisationsargumente (B_{13}) finden sich in Sätzen, in denen eine frühe Vermittlung von (x) damit begründet wird, daß (x) entweder eine langfristige Sozialisation erforderlich macht oder (x) den Inhalt/die Orientierung der langfristigen Sozialisation bestimmen soll. Sie können sich angewendet finden auf Wissen, Sozialformen, Vermittlungsweisen und Weltanschauungen.

Natürlich kann für die Sozialisationsargumente auch der individuelle Nutzen (B_{12} – 'Argumente) sprechen, sie sind aber insofern eigenständig, als die tiefgreifende Wirkung und langfristige Dauer der Sozialisation hier Hauptargument ist. Dabei spielt meist unausgesprochen der Umstand eine Rolle, daß frühe Sozialisationsbemühungen leichter und erfolgreicher erscheinen als spätere "Umsozialisationen".

Daher läßt sich folgende, den B_{13} – 'Argumenten zugrunde liegende Logik vermuten: Je früher auf (x) hin "sozialisiert" wird, um so leichter und nachhaltiger kann (x) verankert werden. Daraus ergibt sich folgende formale Struktur der B_{13} – 'Argumente:

1. (B_{1311})   Früh beginnende Sozialisationen sind nachhaltiger in der Wirkung
   (B_{1312})   Früh beginnende Sozialisationen sind leichter herbeizuführen

2. (B_{132})   (x) soll mit nachhaltiger Wirkung sozialisiert werden

3. (B_{133})   Es sei denn, andere Sozialisationsinhalte stören die Sozialisation von (x) und umgekehrt

----

4. Schluß: Je früher (x) sozialisiert wird, desto leichter ist ein nachhaltiger Erfolg zu erzielen

Ein solches 'Argument scheint generell nicht falsch zu sein, aber insbesondere die Vorbehaltsklausel macht eine pädagogische Diskussion notwendig.

Es liegen insofern immer schon andere "Sozialisationen" vor, als wir weder von einer tabula rasa – Vorstellung ausgehen dürfen noch bei progressiven Sozialisationen erwarten können, daß die sozialisierende Umwelt und ihre Agenten nicht auch noch traditionell sozialisieren. Praktisch werden dann in der Pädagogik meist Isolationen (Rousseau) oder totale neue Institutionen vorgeschlagen (Makarenko), die Zweifel an dem B_{1312} – 'Argument wecken, daß diese Sozialisation "leichter" sei.[18]

Auch das B_{1311} – 'Argument erscheint nicht unbestreitbar, wenn wir an durch Pädagogisierungen ausgelöste Widerstände bei den Edukanden denken und ihre später wachsende soziale Autonomie.

So können wir folgende 'Argumente als überprüfungswürdig festhalten:

B_{1311} 'Argumente der Sozialisationswirkung
B_{1312} 'Argumente des Sozialisationsaufwandes
B_{132} 'Argumente der Sozialisationsnotwendigkeit
B_{133} 'Argumente der Gegensozialisationen

Lernargumente (B_{14}) finden sich in Sätzen, in denen eine frühe Vermittlung von (x) damit begründet wird, daß (x) das Lernen selbst verbessert. Dies muß nicht ein Argument unmittelbaren individuellen Nutzens und auch nicht identisch mit Sozialisationsargumenten sein. Der Nutzen bezieht sich nur auf das Lernen selbst und sozialisiert wird nur ein bestimmter Lerntyp. Nur indirekt bezieht sich die Klasse von 'Argumenten daher auf bestimmte Inhalte. Entweder, weil es günstig erscheint, wenn sie früh gelernt werden (z.B. ein Salto) oder wenn ein bestimmter Lerntyp selbst zum Wissen (Computer), zur Sozialform (Teamwork, Projektarbeit) oder zur Weltanschauung (wissenschaftliches Denken) wird. In diesen Fällen stehen aber andere als Lernargumente an erster Stelle.

Die Logik der Lernargumente könnte so lauten: Je früher (x) gelernt wird, um so besser wird das Lernen, wobei "besser" sowohl leichter als auch anspruchsvoller beinhalten kann.

Ich gehe daher von folgender formaler Struktur der $B_{14}-$'Argumente aus:

1. (B_{141})   Es gibt unterschiedliche Lernformen L_{ij}

2. (B_{1421})   Für (x) gilt: je früher L_i, um so leichter das Lernen
   (B_{1422})   Für (x) gilt: je früher L_i, um so produktiver das Lernen

3. (B_{143})   Es sei denn, L_i stört L_j und L_j ist notwendig
   ----
4. Schluß: Es muß früh (x) vermittelt werden

Auch hier ist deutlich, daß die Ausnahmeklausel auf eine pädagogische Problematik hinweist, die eine Diskussion der 'Argumente notwendig machen kann. Der Schluß mag isoliert richtig sein, in einem umfassenderen Kontext aber können angefangen von der Bestimmung der Lernformen L_{ij} in B_{141} über die Bestimmungen von "leichter" und "produktiver" bis zu den Auswirkungen auf andere Lernformen Aussagen nicht unumstritten sein und daher einer Prüfung unterzogen werden müssen. Dies bezieht sich auf folgende Argumente:

B_{141} 'Argumente der pädagogischen Unterschiede von Lernformen
B_{1421} 'Argumente der Leichtigkeit von Lernformen
B_{1422} 'Argumente der Produktivität von Lernformen
B_{143} 'Argumente der Gegenwirkung von Lernformen

Die 'Argumente der *Vorbehaltsklauseln* (B_3) verdienen noch eine Betrachtung. B_1-'Argumente brauchen im Diskussionsfalle nur selektiv auf ein Merkmal des wahren Wissens oder des individuellen Nutzens, der notwendigen Sozialisation oder des produktiven Lernens hin geprüft werden.

Für B_3-'Argumente dagegen sind potentiell alle anderen möglichen Merkmale interessant, da sie gegen eine frühe Vermittllung sprechen könnten. Ausgenommen sind hier die Eignungsargumente, die unter die $C-$'Argumente fallen und dort behandelt werden.

Natürlich lassen sich nicht alle Merkmale überprüfen. Für die Widerlegung des Hänschen−Arguments genügt aber ein Merkmal, das im B_3−'Argument verwendet werden kann.

So lautet die formale Struktur der B_3−'Argumente:

1. (B_{31})   Es gibt Merkmale, die gegen eine frühe Vermittlung sprechen
2. (B_{32})   (x) enthält eines dieser Merkmale
3. (B_{33})   Es sei denn, andere Gründe sprechen für eine frühe Vermittlung
----
4. Schluß: (x) sollte nicht früh vermittelt werden

Gegen eine frühe Vermittlung sprechen alle Merkmale, deren Vermittlung nicht erwünschte Nebenwirkungen zeitigen. Diese können sich auf die richtige Vermittlung von (x) oder auf irgend andere Effekte beziehen. Erwünschte Wirkung und Nebenwirkungen müssen u. U. abgewogen werden bzw. noch andere pädagogische Erwägungen sprechen für eine Inkaufnahme der Nebenwirkungen (B_{33}).

Daher bleiben für die Diskussion von besonderem Interesse:

B_{31} 'Argumente der Nebenwirkungen
B_{33} 'Argumente der Inkaufnahme von Nebenwirkungen

C−'Argumente

Die Klasse der Argumente zur individuellen Eignung oder Befähigung für frühe Vermittlungen ist im ABC−Schema ebenso eine selbstverständliche Voraussetzung für den Hänschen−Schluß wie alleine noch kein ausreichendes Argument für ihn. Im Schema zu Anfang dieses Kapitels erscheinen die Eignungsargumente daher als Ausnahme− oder Vorbehaltsklausel, um ihre einschränkende Funktion deutlich zu machen.

C−'Argumente sind insofern pädagogisch problematisch, als "Eignungen" für die frühe Vermittlung leicht behauptet werden, zumal wenn sie durch "kindgemäße" Relativierungen akzeptabel gemacht werden.

In empirischen Hänschen−'Argumenten wird oft die Eignungsthese nicht streng getrennt von den B−Thesen. Eignung für eine frühe Vermittlung und pädagogische Leichtigkeit ersetzen einander nach der Logik: Weil die Kinder sich für die Vermittlung von (x) interessieren (z.B. Computer), ist auch die Eignung gegeben. Weder die bloße Ausführung von x noch eine Begeisterung dafür können aber als

Nachweis der Eignung dienen. Daher muß die C−These als Argument genauer überprüfbar sein.

Ich gehe von folgender formaler Struktur der C−'Argumente aus:

1. C_1 Frühe Vermittlung von (x) setzt die Fähigkeit F_{ij} voraus
2. C_2 Die Fähigkeit F_i kann nicht schon früh vorausgesetzt werden

3. C_3 Es sei denn, andere pädagogische Gründe sprechen für ein Absehen von dieser Voraussetzung

----

4. Schluß: (x) sollte nicht früh vermittelt werden

C_1−'Argumente scheinen als empirische Argumente pädagogisch problemlos zu sein. Aber sowohl die Auswahl der für (x_i) relevant gehaltenen Fähigkeit F_i als auch die Wahl der Theorie, nach der (x) aufgefaßt und die für es notwendigen F_{ij} analysiert werden, kann pädagogisch zu diskutieren sein.

Ein Beispiel dafür mag S. Paperts Umgehen mit der kindlichen Eignung für LOGO sein.[19]

Dasselbe gilt für die C_2−'Argumente. Wenn z.B. für (x) Computerprogrammieren eingesetzt wird, kann F_x lerntheoretisch als Fähigkeit zum algorithmischen Denken als gegeben, entwicklungstheoretisch als Fähigkeit zum symbolischen Denken für jüngere Kinder bestritten werden.

Im übrigen können Eignungen auch umstandsbedingt fehlen oder nach an epochalen Kinderverständnissen orientierten Forschungsansätzen nicht thematisiert sein.

Damit verbunden sind auch Fragen, wie bei vielen anderen 'Argumenten, welche Instanz Feststellungen machen soll bzw. welche Ansprüche an derartige Feststellungen zu stellen sind. Nicht zuletzt kann diskutiert werden, ob eine Fähigkeit aus epochalen Gründen pädagogisch früh verstärkt werden soll oder nicht.

Von besonderem Interesse sind die C_3−'Argumente, die als Ausnahmeklauseln wieder für den Hänschen−Schluß sprechen. Sie sollen ihrer Form nach als Argument dargestellt werden:

1. C_{31} Es gibt pädagogische Gründe p_{ij} für eine frühe Vermittlung bei fehlender Eignung

2. C_{32} P_i ist für (x) ein solcher Grund

3. C_{33} Es sei denn, andere pädagogische Gründe sprechen dagegen
   ----
4. Schluß: (x) sollte früh vermittelt werden

Während die Zuordnung solcher Gründe für das Absehen der Eignung weniger problematisch erscheint, interessieren zunächst die pädagogischen Gründe selbst.

Das 'Argument der Zumutung (C_{311}) habe ich schon früher angesprochen. Abgesehen von anderen pädagogischen Absichten, die zu A_{33} gehören, sind schwer weitere Gründe vorstellbar. Es gibt sie aber, unabhängig davon, ob sie geteilt werden oder nicht.

Wichtig ist das 'Argument der kindgemäßen Relativierung (C_{312}). Hier wird die an sich fehlende Eignung abgemildert oder umgangen dadurch, daß (x) kindgemäß vermittelt werden soll. In diesen Fällen ist aber zu prüfen, worin das Kindgemäße gesehen wird und ob es geeignet ist, (x) wirklich zu vermitteln. Da dieses 'Argument leicht und häufig gebraucht wird und einer besonders kritischen Analyse bedarf, behandele ich es noch im Kapitel 10.

Ein noch schwieriger Fall besteht, wenn die empirisch fehlende Eignung gegen den Augenschein behauptet oder vorausgesetzt wird. Antreffen können wir solche Fälle in den Begründungen anthroposophisch orientierter Heilpädagogik [20]. Hier handelt es sich aber nicht um progressive Hänschen–Argumente! Hier wie in anderen Fällen kann nur die ex post Stützung herangezogen werden.

Der Vollständigkeit halber muß zum Schluß auch wieder die Ausnahme von den Ausnahmeklauseln erwähnt werden. Es kann auch Gründe dafür geben, daß die fehlende Eignung nicht überspielt werden kann, z.B. wenn ihre Vernachlässigung Überforderungen zur Folge hat.

Als wichtigste zu diskutierende Argumente der Eignungsthese nennen wir also:

C_1 'Argumente der Fähigkeitsvoraussetzung
C_2 'Argumente der fehlenden Eignung
C_{311} 'Argumente der Zumutung
C_{312} 'Argumente der kindgemäßen Relativierung

C_{313} 'Argumente der Eignung gegen den Augenschein
C_{33} 'Argumente der Unüberwindbarkeit fehlender Eignung

8. Das vollständige Analyse—Schema

Bisher war ich von einem ABC—Schema des Hänschen—Arguments ausgegangen, weil dies meist seine empirische Form darstellt. Für die Analyse und Diskussion kann dies aber nicht ausreichen. Analytisch entspricht das Hänschen—Argument der Form deduktiver Schlüsse. Auch das Toulmin—Schema (vgl. Kp. 7) läßt sich als deduktive Schlußform interpretieren.[1]

Das Hänschen—Argument ist wie alle pädagogischen Argumente ein pragmatisches Argument, das Antwort auf noch weitere Fragen geben muß. Im Hinblick auf die praktischen Schlußfolgerungen des Arguments müssen Fragen nach den Verwirklichungsmöglichkeiten, nach den Vor— und Nachteilen ("Kosten") gestellt und beantwortet werden können. Nicht zuletzt unter diesen Aspekten muß sich die Diskussion mit den Alternativen der Thesen und ihren Lösungen beschäftigen.

Solche Evaluationsfragen pragmatischer Argumentation will ich hier analytisch in das Argument—Schema mit aufnehmen, um ihrer entscheidenden Bedeutung für die Beurteilung des Arguments gerecht zu werden.

In der Literatur[2] sind für pragmatische Argumente allgemein folgende Evaluationsfragen zusammengestellt worden:

1. Existenz: Existieren Defizite?
2. Bedeutung: Sind die Defizite bedeutend?
3. Ursache: Sind die Defizite inherent im status quo?
4. Praxis: Kann der Plan ausgeführt werden?
5. Lösung: Wird der Plan das Defizitproblem lösen?
6. Kosten: Wird die Lösung zuviel kosten?
7. Beziehung: Bezieht sich der Plan direkt auf die Defizitthese?

Beziehen wir diese Fragen auf pädagogisches Argumentieren, erkennen wir ihre entscheidende Bedeutung schnell. Insbesondere Fragen nach der Adäquatheit der begründeten Lösung und deren Kosten verlangen nach 'Argumenten, die unser ABC—Schema bisher nicht berücksichtigt hat, weil es die Alternativen und Auswirkungen überhaupt nicht in die Argumentation hineinnimmt. Zwischen ihnen spielt sich aber eine wesentliche pädagogische Diskussion ab. Eine Analyse, die pädagogische Argumente nur der ihr eigenen Logik nach abbildet und nicht das

Feld möglicher Argumente berücksichtigt, gewinnt schon in ihrem Analyseschema wenig kritische Einsicht.

Sofern nun Erziehung, Unterricht und Bildung jeweils überhaupt begründungsbedürftig erscheinen, gibt es unterschiedliche Möglichkeiten, dies durchzuführen. Diese Begründungsmöglichkeiten stehen jeweils auch in Korrespondenz mit der theoretischen Auffassung von der praktischen pädagogischen Aufgabe.

Wenn z.B. eine bestimmte, nicht hinterfragte Lebensweise und Weltsicht undiskutiert die erzieherische, unterrichtliche oder Bildungspraxis begründet, dann hat die begriffliche Explikation dieser Praxis nur tautologische Funktion: Erziehung zur Arete und durch Arete, weil für die frühen Griechen Arete eben den erzogenen Menschen (Mann) ausmacht.

Auch eine objektivierende historische "Erklärung" kann hier nur tautologisch beschreiben: Die frühen Griechen erzogen zur Arete, weil Arete ihr Erziehungsziel und −inhalt war.

In beiden Fällen gibt es pädagogisch eigentlich nichts zu diskutieren. Die Begründungen können wohl wissenschaftliche Probleme anderer Disziplinen, aber keine pädagogischen darstellen. Anders erscheinen pädagogische Begründungen, wenn sie im Hinblick auf pädagogische Diskussionen von Alternativen notwendig erscheinen und geführt werden, um die richtige Erziehung, Unterrichtsform und Bildung als für alle gültig zu erweisen.

Dann kann eine pädagogische Begründung sich weder auf ein Weltbild, eine Lebenspraxis berufen noch diese explizieren. Dann muß sie auch die pädagogische Notwendigkeit dieser Orientierung begründen.[3)]

Gegenüber einer "Begründung" durch Selbstverständlichkeit muß eine pädagogische Begründung auch die Bedeutung des Anlasses (Defizit), die Notwendigkeit des Ziels, die Durchführung der Praxis, ihre Kosten und Wirkungen argumentativ als gültig erweisen.

Davon sind in unserem ABC−Schema des Hänschen−Arguments schon berücksichtigt:

Mit den A−Argumenten die Existenz und Bedeutung von pädagogisch relevanten Defiziten und die Notwendigkeit ihrer pädagogischen kontrafaktischen Vermeidung oder Kompensation.

Mit den B−Argumenten die Ursachen und mögliche praktische Ansätze.

Mit den C−Argumenten auch schon einige Einschränkungen und Kosten.

Nicht berücksichtigt aber wurden vor allem zwei in den Evaluationsfragen angeschnittene Komplexe, die der Praxis und der Adäquatheit der Lösung.

Wir müssen also das Schema des Hänschen−Arguments um zwei Thesen erweitern, um seinen Inhalt diskutierbar abzubilden, um die Praxisprämisse (D) und die Adäquatheitsprämisse (E), die wir wiederum beide auch als 'Argument verstehen und als Argumente darstellen können.

Beide Prämissen will ich wie die C−'Argumente als einschränkende Bedingungen, als Vorbehaltsklauseln verstehen.

So muß analytisch das vollständige Schema des Hänschen−Arguments folgendermaßen dargestellt werden [Abb. 5]:

Abb. 5   Vollständiges Hänschen−Argument

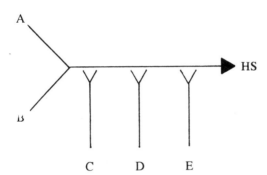

Diese Darstellung entspricht auch dem Gewicht, das den Einschränkungen und Vorbehaltsklauseln im progressiven Hänschen−Argument zugestanden werden muß. Sie führen zur eigentlichen pädagogischen Diskussion, wenn nicht eine Notwendigkeit, (x) überhaupt zu kennen, schon selbstverständlich auch für eine frühe Vermittlung sprechen kann, sondern einer weiteren pädagogischen Begründung bedarf.

Damit wird weniger ein konservativer Zug der Prüfungskriterien für die pädagogische Argumentation manifestiert, als vielmehr deutlich gemacht, daß die Begründung nicht deduktiv aus der Notwendigkeit folgt. Der erziehungswissenschaftliche Zwang, pädagogisch differenziert und sorgfältig zu argumentieren, erhält so eine angemessene systematische Darstellung.

Je mehr eine lebensweltliche Selbstverständlichkeit schwindet, um so expliziter muß die Argumentation Gründe plausibel machen. Und je mehr an die Stelle lebensweltlicher Selbstverständlichkeiten säkularisierte Heilserwartungen oder Katastrophenängste, objektive Sachzwänge oder unaufhaltsame Fortschritte treten und daraus pädagogische Entscheidungen folgen, um so sorgfältiger ist zu prüfen, was daraus pädagogisch wirklich, d.h. begründet, gefolgert werden kann. Bei den Vorbehaltsklauseln des Hänschen−Schemas handelt es sich also um Eignungsargumente: C stellen die 'Argumente der individuellen Eignung (der Edukanden) dar, D die 'Argumente der praktischen Eignung (der Vermittlungen) und E−'Argumente die der pädagogischen Eignung (der theoretischen Lösung).

Die beiden letzteren will ich noch genauer betrachten.

Die Klasse der praktischen 'Argumente D hat formal folgende Struktur:

1. D_1 Es gibt zwar theoretisch verschiedene praktische Lösungen, (x) früh zu vermitteln

2. D_2 Es gibt aber kein praktisches "Modell" für eine gelungene frühe Vermittlung von (x) oder seine Realisierung oder Verallgemeinerung setzt zuviel voraus

3. D_3 Es sei denn, die Voraussetzungen können geschaffen werden
− − − − − − − − − − − −
4. Schluß: (x) läßt sich praktisch nicht früh vermitteln

Dieses Argument der praktischen Eignung ist von seiner Logik her sehr einfach. Die Schwierigkeiten liegen eher in den Anforderungen an die Stützungen der Thesen. Welches "Modell" als hinreichend akzeptiert werden kann, stellt ein besonderes Problem dar. Vor allem dann, wenn es darum geht, für eine neue Lösung überhaupt erst einen Versuch zu unternehmen.

Ebenso muß über die Kriterien für das Gelingen natürlich Einigung bestehen. Unklar ist z.B. bei pädagogischen Prüfungen immer, in welchem Zeitraum post festum sie gelten sollen und können.

Auch die Vorbehaltsklauseln können erhebliche Barrieren für einen akzeptablen Schluß darstellen. Die Bedingungen des Versuchs können in personeller, finanzieller, aber auch in organisatorischer, politischer oder gesellschaftlicher Hinsicht nicht verallgemeinerbar sein oder so tiefgreifende und langfristige Veränderungen voraussetzen (Ausbildung, Gesetze, Bildungswesen, Gesellschaftsstruktur), daß die Verwirklichung noch nicht praktisch als gesichert erscheint.

Allerdings kann auch das Hänschen−Argument selbst ein Mosaiksteinchen in der politischen Argumentation für derartige Veränderungen sein, also didaktische Funktion erhalten. Aber dann muß auf jeden Fall die pädagogische Eignung (Adäquatheit) geprüft sein.

In der Regel aber wird diese in pädagogischen Argumentationen nicht thematisiert, geschweige denn geprüft. Um so wichtiger erscheint ihre Berücksichtigung im Analyseschema des Hänschen−Arguments.

Die formale Struktur der Klasse der Argumente der pädagogischen Eignung ist folgende:

1. E_1 Adäquate Vermittlungen müssen folgende Kriterien erfüllen:

2. E_2 Das praktische Modell (M_i) erfüllt diese Kriterien schlechter als andere praktische Modelle

3. E_3 Es sei denn, die pädagogischen Bedingungen oder Kosten der anderen Modelle sind zu hoch

− − − − − − − − − − − − −

4. Schluß: Das praktische Modell ist keine adäquate frühe Vermittlung von (x)

Es ist sofort zu sehen, daß die Argumente der pädagogischen Eignung die anspruchsvollsten und theoretisch am schwierigsten zu explizierenden Argumente des Hänschen−Argumentes sind.

Sie thematisieren nämlich die erziehungswissenschaftlichen Gründe für die richtige Pädagogik und müssen daher auf eine unabgeschlossene und unabschließbare Diskussion bezogen werden. Aber gerade weil hier wissenschaftlich nur diskutiert, nicht aber systematisch abgeleitet werden kann, müssen die möglichen Alternativen genannt und Gründe für die Entscheidung zwischen ihnen expliziert werden.

Die Diskussion und damit die Begründung sowie ihre Prüfung werden noch grundsätzlicher dadurch belastet, daß es keine verbindlichen Entscheidungskriterien gibt, da diese meist selbst erst durch Pädagogiken in deren Rechtfertigung mitgerechtfertigt werden.

Für eine sich im Angesicht von Alternativen rechtfertigende Pädagogik gibt es dafür prinzipiell nur drei Möglichkeiten.

Erstens eine Rechtfertigung durch Berufung auf eine außerpädagogische Instanz (Weltanschauung, objektive Entwicklungstendenz), nach der Adäquatheit Übereinstimmung mit den außerpädagogischen Zielen und Methoden bedeutet. Die Tautologie dieses Verfahrens ist pädagogisch dann unbedenklich, wenn negative Auswirkungen dieser Pädagogik dann als Falsifikation der außerpädagogischen Instanz gelten.

Als zweite Rechtfertigung ist daher die Wirkung einer Pädagogik verwendbar. Hier beinhaltet Adäquatheit Übereinstimmung der Wirkungen mit dem pädagogischen Ziel. Auch hier erhalten die pädagogischen Kosten (D_3, E_3) eine kritische Funktion. Zu ihnen gehören auch die pädagogischen Nebenwirkungen, die weder das Ziel gefährden dürfen noch Defizite sein dürfen, die mit anderen Modellen vermeidbar sind.

Allerdings ist Wirkung kein unproblematisches Adäquatheitskriterium. Sie ist empirisch nicht leicht zu erfassen, und das immer erst post festum und so bei möglicherweise veränderten Bedingungen kein starkes Argument mehr. Negative Wirkungen allerdings scheinen mir, sofern sie als systematisch auftretende erklärt werden können, immer ein starkes Argument zu sein.

Daraus ergibt sich eine dritte Möglichkeit der Rechtfertigung. Adäquater sind im Vergleich alternativer praktischer Modelle immer diejenigen, die pädagogisch weniger kosten. Das bezieht sich darauf, daß praktische Schlußfolgerungen einer pädagogischen Argumentation ihrerseits durch Orientierungen, Ziele, Methoden und Praktiken nicht zusätzliche pädagogische Probleme neu schaffen bzw. zu anderen notwendigen Zielen, die gelöst werden müssen, in praktische Widersprüche geraten sollen.

Adäquatheit beinhaltet bei dieser Rechtfertigung also pädagogische Verträglichkeit im weitesten Sinne mit allen anderen pädagogischen Aufgaben und nicht mehr allein Wirkungseffektivität im Hinblick auf das Ausgangsproblem.

Natürlich ergeben sich auch hier methodologische Probleme bei der Stützung oder Widerlegung der E_3-These. Aber dieser Rechtfertigungsversuch ist umfassender als die beiden anderen, weil er vor allem zwingt, nicht nur die praktischen Alternativen des Hänschen-Arguments zu prüfen, sondern auch praktische Alternativen zum Hänschen-Argument.

Damit erhält die E_3–These eine zentrale Rolle im Analyseschema und kann als Argument formal so dargestellt werden:

1. E_{31} Folgende pädagogische Kosten eines praktischen Modells sind zu hoch:

2. E_{32} Das praktische Modell$_i$ zeitigt eine dieser Kosten

3. E_{33} Es sei denn, zwingende pädagogische Gründe lassen höhere Kosten in Kauf nehmen

----

4. Schluß: Das praktische Modell$_i$ kostet pädagogisch zu viel

Mit diesem Kostenargument stoßen wir auf die für jede Analyse pädagogischer Argumentation schwierige Frage der Einschätzung pädagogischer Kosten. Nicht nur werden pädagogische Kosten von unterschiedlichen Pädagogiken verschieden eingeschätzt, auch für den abwägenden Vergleich unterschiedlicher Art von Kosten fehlt ein allgemeingültiger Maßstab ebenso wie für die Festsetzung von pädagogischen Grenzen der Kostenbelastung.

Während sich über die pädagogischen Kosten einer Pädagogik durch die Ergebnisse ihrer praktischen Realisierung manchmal ein öffentlicher Konsensus herstellt und als 'Argument gegen diese Pädagogik verwandt wird, läßt sich dies ante festum oder allgemeingültig für sich verändernde Kontexte kaum überzeugend darstellen.

Das entbindet aber die erziehungswissenschaftliche Diskussion pädagogischer Argumente nicht davon, grundsätzlich nach den pädagogischen Kosten zu fragen (und dies durch ein Analyseschema zu sichern) und alle vorhersehbaren zu thematisieren.

So lassen sich für typische Pädagogiken auch strukturell typische Defizite erwarten, z.B. für "Lernpädagogiken" Entwicklungsdefizite und für "Entwicklungspädagogiken" Lerndefizite[4], deren jeweilige Hinnahme oder Behebung pädagogische Kosten enthalten. Dasselbe gilt für in einem Argument implizit angenommene Voraussetzungen, deren Annahme im Extremfall entweder einfach absurd[5] ist oder unakzeptierbar hohe pädagogische Kosten verursacht.

Auch wenn sich für viele Fälle nicht systematisch ableiten läßt, welche möglichen pädagogischen Kosten wir diskutieren müssen, da auch die Kosten topisch–problemspezifisch statt systematisch orientiert sind, muß aber systematisch analytisch doch deutlich werden, wo wir für die Diskussion überhaupt Kosten suchen müssen.

Dafür können wir systematisch vier Zugänge und Kostenquellen unterscheiden:

Erstens *immanente* Kosten, die aus nicht−gegebenen Voraussetzungen im Argument resultieren;
zweitens *kompensatorische* Kosten, die aus der Vernachlässigung pädagogischer Aufgaben alternativer Topen (z.B. Lernen/Entwicklung) entstehen;
drittens *systematische* Kosten, die durch die Nicht−Thematisierung wichtiger Grundaufgaben aller Pädagogik entstehen. Hier müssen Topenkataloge[6] der Grundaufgaben die fehlende Systematik ersetzen;
viertens kann die Vernachlässigung aktueller, topisch zum Argumentthema konkurrierender Aufgaben eine weitere situationsspezifische oder epochale Quelle (z.B. heute: Frieden/Computer) von *aktuellen* Kosten sein.

Die Vorstellung, es ließen sich systematisch Maßstäbe und Grenzwerte für ein Urteil "diese pädagogischen Kosten sind zu hoch" finden, mag abwegig und die Suche danach erfolglos erscheinen. Tatsächlich werden natürlich immer Kosteneinschätzungen und −abwägungen vorgenommen, und zwar keineswegs nur topisch−problemspezifisch, sondern auch unter systematischem Gesichtspunkt.

Das ist daran zu erkennen, daß zu Recht extreme thematische Einseitigkeit des Arguments oder seines Fokus, d.h. die totale Vernachlässigung anderer Themen und Foki als pädagogisch zu teuer angesehen und daher durch Relativierungen des Arguments ("so früh wie möglich" oder "früh, aber kindgemäß") und Kombinationen mit anderen Argumenten (sowohl "frühes Lernen" als auch "lebenslanges Lernen") abgemildert und sei es um den Preis fiktiver Versöhnungen[7].

Analytisch können wir also zwar von impliziten Kostenüberlegungen der Argumentierenden ausgehen, aber diese finden wir selten direkt in die Argumentation aufgenommen, noch ist ihre hinreichende Vollständigkeit garantiert. Für unsere Analyse ist damit zunächst das Problem verdeutlicht, seine Lösung muß im Diskussionsteil (Teil IV) bei der Evaluation gefunden werden.

Auch das Problem der pädagogischen Kriterien und der Grenzwerte der Kosten müssen hier im Schema (vgl. E_1, E_{31}) offengelassen werden, weil sie in Abhängigkeit der Themen und Foki konkret besetzt und diskutiert werden.

Das vollständige Analyseschema muß aber noch als systematisches Instrument gewürdigt werden. Zwar kann seine Leistung erst nach den Ergebnissen der Diskussion und Evaluation eingeschätzt werden, aber die aufwendige (um nicht zu sagen: pedantische) Explikation der 'Argumente und die damit verbundenen Ansprüche an die Analyse (und wohl auch an die Argumentation selbst) stehen im Kontrast zu anderen Möglichkeiten der argumentativen Kritik.

So können pädagogische Argumentationen (wie z.B. die des Club of Rome[8]) einfacher nur auf ihre Voraussetzungen und Stützungen hin untersucht werden (wie dies J. Oelkers klassisch vorgeführt hat[9]). Aber damit ist nicht garantiert, daß in jedem Fall auch die kritischen Stellen angesprochen werden.

Selbst wenn wir eine solche Untersuchung ergänzen mit einer Diskussion der alternativen Lösungen (Oelkers bricht mit den pädagogischen dilemmata der Fragestellung ab), bleibt die Analyse selbst wie die analysierte Argumentation topisch gebunden und kann nicht leicht das von der Argumentationsstrategie besetzte topische Feld verlassen.

Gründlicher und damit kritischer, aber auch gerechter kann die Analyse sein, wenn sie allgemeine Argumente (wie z.B. Oelkers seinen Erziehungsbegriff kritisch einführt), allgemeine Schemata und allgemeine Kriterien hinsichtlich der Ansprüche und Möglichkeiten einbringen kann, und dies setzt eine systematische Analyse voraus.

Eine besondere Rolle sowohl bei der problemspezifischen Argumentation wie ihrer Analyse spielt das themenspezifische Gewicht einzelner Thesen. Manche von ihnen scheinen selbstverständlich oder allgemein bekannt und so scheinen Stützungen oder überhaupt ihre Darstellung überflüssig. Gerade hinter ihnen kann sich das Diskutierbare verbergen und können andere, verschwiegene Pädagogiken oder denkbare Gegenargumente gegen sie ihre Position begründen.

Dort aber, wo öffentliche Entscheidungen von erziehungswissenschaftlichen Argumenten abhängig gemacht werden, kann es nicht darum gehen, die eigene Pädagogik bloß durchzusetzen.

Wo so viel auf dem Spiel stehen kann wie bei dem Hänschen−Argument, empfiehlt es sich, neben jeder topisch−interessanten Argumentation und Kritik auch die Prüfung mit dem ABCDE−Schema durchzuführen.

9. Stützungen

Die Stützungen des Hänschen−Arguments verlangen besondere analytische Aufmerksamkeit, weil sie angesichts eines theoretischen regressu ad indefinitum der Argumentausdifferenzierung sozusagen die Haltepunkte des Arguments darstellen.

Sie sichern die Thesen durch Verankerungen in Theorien, Empirie und Erfahrung oder metatheoretischen Prinzipien. Daher sind sie neben den formalen Folgerungsregeln die wichtigsten Prüfstellen eines Arguments.

Unter Stützung will ich mit Toulmin[1] in Argumentationen gegebene oder zu fordernde Verweise auf Autoritätsquellen für die Gültigkeit oder Geltung von Daten, Regeln, Interpretationen verstehen. Sie können also aus Verweisen, Referaten oder Zitaten von Untersuchungen, Theorien oder Erfahrungen bestehen und müssen dort, wo sie fehlen, rekonstruierbar sein.

Für die Diskussion und Evaluation des Hänschen−Arguments muß die Analyse vorrangig zwei miteinander verbundene Probleme behandeln. Welche Ansprüche können legitimerweise an die Stützungen gestellt werden und wie müssen diese Ansprüche je nach Stützungsart differenziert werden, d.h. welche Stützungsarten müssen wir unterscheiden?

Verschiedentlich habe ich schon darauf hingewiesen, daß Thesen offensichtlich als so selbstverständlich angesehen werden, daß Stützungen überflüssig erscheinen. Wo aber Diskussionen der Thesen möglich sind, besteht ein Anspruch auf Explikation ihrer Stützung. Für die pädagogische Argumentation, insbesondere für das Hänschen−Argument, kann aber ein Anspruch auf eine einheitliche, methodisch strenge und einem Kausalprinzip folgende eindeutige Art der Stützung nicht verlangt werden. Es müssen im Hänschen−Argument nicht nur sehr heterogene Informationskomplexe mit sehr unterschiedlichen Wissens− oder Erkenntnisstandards verarbeitet werden, sondern diese können in der Pädagogik auch nicht kausal verknüpft werden. Manche lassen sich wahrscheinlichkeitstheoretisch absichern, alle folgen informativen Wirkungsprinzipien[2]. Insbesondere das im Hänschen−Argument wichtige argumentum ad futurum (vgl. Kp. 7) stellt besondere Probleme für die Stützung dar, ebenso wie die Berücksichtigung der Adressaten der Argumentation. Die Notwendigkeit, an ihre Erfahrungen anzuknüpfen, läßt bestimmte Stützungsformen bevorzugen.

Daher will ich zunächst auf die Unterscheidung von Stützungsarten eingehen.

Obwohl sich eine Unterscheidung nach thematischen Komplexen, so wie sie in unserem Analyseschema erscheinen (ABCDE und den Ausdifferenzierungen), anbietet, ist es sinnvoller, um Wiederholungen zu vermeiden, nach Autoritätsquellen zu unterscheiden. Für die erziehungswissenschaftliche Analyse ist dabei die Frage nach möglichen Alternativen von besonderem Interesse, weil sie Ansatzstellen der Diskussion darstellen.

Wenn wir die Stützungen von Thesen im Hänschen−Argument verstehen als ihre Verankerung in geltenden Überzeugungen, als Verknüpfungen mit anerkannten Autoritäten, dann können wir Stützungsmöglichkeiten unterscheiden nach Autoritätsquellen und Beweisarten.

Als Autoritäten können von der pädagogischen Argumentation sehr unterschiedliche Komplexe herangezogen werden: die eigene Erziehungswissenschaft und andere wissenschaftliche Disziplinen, aber auch Institutionen mit pädagogischen Funktionen (Schule, Kindergarten etc.) und außerpädagogischen Funktionen (z.B. staatliche oder die des Wirtschaftsmarktes), dazu sind aber auch die allgemeine und eigene Lebenspraxis und ihr reflexives Gegenstück der geistigen Orientierungen (wie Philosophie, Kunst und Religion).

Deren Autorität haftet auch den auf sie verweisenden Stützungen an, die wir nach ihnen daher auch unterscheiden können als theoretische, institutionelle, praktische und reflexive Stützungen. Zugleich stellt diese Unterscheidung auch die allgemeinste Klassifikation pädagogischer Argumente dar.

Die den Stützungen anhaftende Autorität ihrer Quellen können Thesen auf sehr unterschiedliche Weise überzeugend machen:

So kann
Praxis Thesen stützen	als Information, Erfahrung und Empirie
Wissenschaft	als Wissen, Methode, Erklärung
Institution	als Gesetz, Regel oder Kode
Reflexion	als Sinn, Vernunft oder Gebot

Solche, die Thesen stützende Autoritäten lassen in der Regel die Widerrede, den Unglauben und das Verlangen nach weiteren Argumenten verstummen, es sei denn, es können Gegenautoritäten gefunden werden.

Mit diesen, in den Stützungen angerufenen Autoritäten sind natürlich auch charakteristische Beweisarten zitiert. Obwohl wir aufgrund der selbst durchlaufenen Pädagogik der Moderne dazu neigen, den statistisch–empirischen Beweis theoretischer Konstrukte, wie er für Naturwissenschaften typisch ist, für die sicherste und daher überzeugendste Stützung von Thesen zu halten, müssen wir in der pädagogischen Argumentation andere Beweisarten akzeptieren.

Wir treffen hier ja nicht nur auf die Informationen anderer Autoritätskomplexe, wie ich sie genannt habe, sondern die durch die Argumentation zu begründende pädagogische Autorität ist selbst auf andersartige Beweisarten angewiesen und verdankt ihre Überzeugungskraft deren Stützungen.

An einer ungewöhnlichen Klasse von Beweisen wird dies besonders deutlich, aber auch ihre Problematik für die Analyse und später für die Diskussion und Evaluation.

Während wir den Beweis durch Analogieschluß, wie ich ihn für das Hänschen-Argument durch Chrysostomos (vgl. Kp. 1) belegte, noch als eine historisch, vorwissenschaftliche Phase verstehen und so "erledigen" können, fällt uns dies beim Beweis durch Gleichnis (z.B. Platons Höhlengleichnis), beim Beweis durch Empathie und Identifizierung (wie bei Rousseaus Emile) und wie bei Korczak beim Beweis durch phänomenologisches Beschreiben und Interpretieren vom Kinde aus schon schwieriger, weil wir uns dazu keine wissenschaftliche Verbesserung vorstellen können.

Bis heute können Texte, die eigene Erfahrungen der Autoren nachvollziehbar darstellen, eigene Erfahrungen beim Lesen anregen oder erst hervorbringen, oft für Pädagogen überzeugender ihre Thesen vermitteln als "objektivierte" Stützungen.

Dasselbe gilt für Texte, die ihre Stützungen einer Sinnorientierung, Mitleid (Pathos) erregenden Defizit- oder Mangeldarstellungen oder einer Heilserwartungen auslösenden und psychischen Streß mildernden Erbaulichkeit verdanken.

Offensichtlich können pädagogische Argumentationen, die ja Gründe für das Handeln und Engagement von Individuen liefern sollen, mit Stützungen, die ihre Erfahrung und Erfahrungsfähigkeit, ihre Lebenskraft und Verantwortung und ihre Sinnbedürfnisse ansprechen, besonders überzeugen.

Andererseits sind diese Beweisarten als Stützungen nicht unproblematisch, denn ebenso wie sie situativ und individuell bedingt überzeugen können, können sie zu anderer Zeit, in anderen Situationen und für andere Individuen und Gruppen die Argumentation gerade nicht stützen, sondern sie schwächen sie. Aber auch die durch die Autorität empirisch geprüfter Hypothesen und Konstrukte objektivierten Beweisarten sind als Stützungen pädagogisch keineswegs unproblematisch, sind nicht so sicher, wie sie zunächst erscheinen mögen.

Wird z.B. die individuelle Eignung eines Vermittlungsinhaltes gestützt durch Verweise auf empirische Prüfungen von Lernergebnissen oder durch die Berufung auf eine empirisch geprüfte Lerntheorie, dann ist das zwar zunächst eine solide Stützung. Aber diese Stützung liefert selbst keine Gründe für die Wahl dieser Lerntheorie noch für Entscheidung zwischen der Alternative Lern- oder Entwicklungstheorie. Im ersten Fall könnten wir z.B. zwischen Theorien der Verhaltensmodifikation oder des Modell-Lernens wählen. Auch zwischen Entwicklungstheorien läßt sich noch wählen (Piaget, Montessori, Gerken), die alle in ihren Aussagen, Methoden und pädagogischen Konsequenzen voneinander abweichen.

Leider können wir für die pädagogische Beurteilung der Überzeugungskraft oder der Gültigkeit auch für die objektivierten Beweisarten das Kriterium "Wissenschaftlichkeit" nicht ausschließlich verwenden, denn ihre pädagogische Gültigkeit resultiert nicht aus ihrer Wissenschaftlichkeit. Selbst dort, wo die entsprechenden Disziplinen sich einig sind über ein wissenschaftliches Alleinvertretungsrecht einer Theorie, und das ist selten der Fall, ist dieses intradisziplinäre Urteil pädagogisch nicht relevant. Das vorherrschende pädagogische Kriterium und damit die eigene Beurteilungsleistung der Erziehungswissenschaft muß immer die pädagogische Wirkung einer Theorie auf die Umgangsweisen der Pädagogen und damit auf die Edukanden sein. Das hängt damit zusammen, daß Konstruktorientierung und Beweisart selbst schon pädagogisch unterschiedliche Konsequenzen beinhalten, ihre "pädagogische Differenz"[3] ausmachen. Das bedeutet, daß mit den Beweisarten der Stützungen schon in ihnen nichtbegründete pädagogische Entscheidungen getroffen worden sind.

So wie objektive Theorien miteinander konkurrieren und für sie oft keine Rangfolge an Wissenschaftlichkeit verbindlich gelten kann, so läßt sich pädagogisch keine verbindlich geltende Stützung aus objektivierten, ja aus überhaupt keiner Beweisart überzeugend ableiten.

So können wir jetzt zwar Stützungen nach Autoritätsquellen und Beweisarten unterscheiden [vgl. Abb. 6], aber die analytischen Fragen nach den argumentationstheoretischen Ansprüchen und den Bewertungskriterien sind noch nicht beantwortet.

Zunächst aber will ich feststellen, welche Stützungen wir in Hänschen–Argumenten finden können, welche problematisch erscheinen und diskutiert werden müssen.

Ausgewählte Textbeispiele mit Hänschen–Argumenten zeigen, daß Stützungen weder als problematische Aufgaben des Überzeugens erscheinen noch überhaupt bei allen Thesen als notwendig erachtet werden. Die Setzung der Thesen erfolgt in einem Gestus der Gewißheit, der aber rhetorisch hergestellt wird. Da ja genau darin die Funktion der Stützungen besteht, nämlich den möglichen regressus ad indefinitum durch Autorität abzubrechen bzw. als nicht notwendig erscheinen zu lassen, interessiert analytisch, wie dies geschieht und wodurch die Stützung gesichert ist.

Abb. 6 Typen von Stützungen

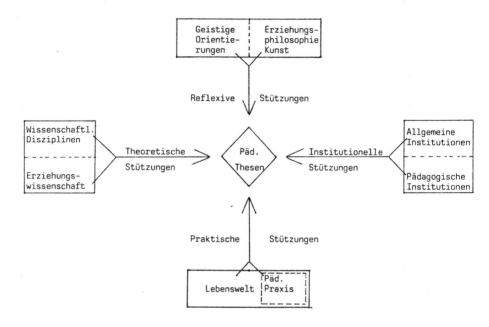

Will oder kann man nicht mehr argumentativ überzeugen, so muß man doch noch überzeugen. Ein Bewußtsein hiervon wird selten angesprochen:

"Wenn es nur so leicht wäre, seine Überzeugungen zu den Überzeugungen anderer zu machen."[4]

"Ich pflege sonst von den Schritten, die ich thue, niemandem, als Gott und meinem Gewissen Rechenschaft zu geben. Habe ich deren Beifall, so fühle ich mich so ziemlich gegen das Urtheil der Menschen gewappnet. Itzo muß ich aber doch eine Ausnahme machen. Ich thue einen nicht gar gewöhnlichen Schritt öffentlich; das Gelingen desselben hängt großentheils von dem Zutrauen des Publikums ab, ich muß ihn also vor demselben rechtfertigen."[5]

In allen Texten ist die Aufgabe einer belehrenden Überzeugung spürbar: Muß man pädagogische Aufgaben oder Unternehmungen öffentlich rechtfertigen und begründen, können nur solche Autoritäten als Stützungen angerufen werden, die von jedermann allgemein und spezifisch beim Publikum Zustimmung finden oder das gemeinsame Allgemeine enthalten.

Historisch läßt sich in den Stützungen immer der sensus communis[6] fassen, für die systematische Analyse ist aber wichtiger, welche Stützungen notwendig sind, ob sie notwendig sicher oder durch bessere ersetzbar sind. Es lassen sich folgende Stützungen von Thesen in Hänschen−Argumenten finden: Erfahrung, Einsicht, Erkenntnis und absolute Norm.

Sehr häufig wird die Stützung nicht als objektiver Beweis eingeführt, sondern als eine Art "Lehre": "Das lehrt die Erfahrung aller Jahrhunderte, auch die unserige." "Diese allgemeine Erfahrung sollte uns endlich doch die Augen eröffnen."[7]

Die "Erfahrung" soll also Thesen so stützen, daß nicht mehr weiter diskutiert, argumentiert werden braucht:
"Aber es bedarf hierüber keines Streites mehr, weil die Erfahrung schon entschieden hat."[8]

Aber kann der pädagogischen Erfahrung als Stützung vertraut werden? Sie trifft ja immer auch auf die Erfahrung der anderen:

"Man beruft sich dabei auf die Erfahrung, daß Frauen sich durch Gelehrttun in manchen Fällen lächerlich gemacht haben, und glaubt sich darum berechtigt, die Mädchen blindlings der Führung unwissender und unkluger Mütter zu überlassen."[9]

und muß daher als Stütze selbst noch gestützt werden.

Einerseits ist dies ein Problem der Darstellung:

"Ich wollte, daß ich wie ein DEMOSTHENES sprechen könnte, um ... überzeugen zu können."[10],

andererseits muß die Erfahrung als allgemeingültig und immer und überall wahr ausgewiesen werden:

"Solches ist bereits von den vernünftigen Heiden als ein guter Handgriff ... angesehen worden."[11]

"Da ist nichts anderes zu tun, als solchen Lehrern den Rat zu geben, eine pädagogische Reise anzutreten, ..."[12]

Neben Zeit— und Raumverallgemeinerungen der Erfahrung kann man ihre Gültigkeit auch durch die Weckung der eigenen Erinnerung sichern.

"Wenn wir uns nur daran erinnern, wie die meisten Eltern und Erzieher sich in diesem Stück betrugen, so finden wir ..."[13]

"Ein Beweis für die Stärke und Nachhaltigkeit kindlicher Vorurteile ist ... die Erinnerung an Dinge, die man in der Kindheit liebgewonnen hat, ..."[14]

Man kann auch Zahlenverhältnisse beschwören:

"Und gleichwohl wie groß ist die Zahl derer, denen das helle Glas der Augen mangelt! die ihre Augen von den Italienern kaufen!"[15]

Überzeugender werden Erfahrungen andererseits als eigene quantifiziert:

"Ich will statt dessen lieber meine, in der würklichen Welt gemachten Erfahrungen, so simpel sie übrigens seyn mögen, mittheilen." "In einem Zeitraum von acht Jahren sind mir dreizehn Beispiele von Menschen vorgekommen, die durch Unkeuschheit unglücklich geworden waren."[16]

Die Rolle der Erfahrung als Stützung beim Überzeugen darf aber nicht allein in der Funktion der Gewinnung allgemeingültiger Regeln und Sätze gesehen werden.

"Das ist ein unwidersprechlicher Erfahrungssatz."[17]

Dann ist die Stützung durch Erfahrung nur eine vorwissenschaftliche Phase späterer Absicherung durch empirisch—statistische Forschungsergebnisse, ein folgenschwerer Irrtum pädagogischen Argumentierens[18]. Sondern die dargestellte Erfahrung als Stützung verknüpft die Gültigkeit von Thesen mit der alltäglich und individuell erfahrenen Lebenswelt und macht eigene Erfahrungen der Adressaten möglich. Das wird deutlich an zwei Darstellungsweisen der Erfahrung, Experiment und Exempel.

Die Aufforderung zum eigenen Experiment:

"Dies ist eine Erfahrung, die mir niemand ableugnen kann. Wer daran zweifelt, der nehme zwei Kinder von gleichem Alter, gleicher Gesundheit, gleichen Kräften; kette das eine in den Laufzaum, lasse das andere frei, erst kriechen, hernach laufen, dann sage er mir seine Meinung!"[19]

ist natürlich rhetorisch gemeint, eher eine Aufforderung zur Erfahrung durch Beobachtung als zur experimentellen Forschung. Eine andere Eigenaktivität des

Adressaten erfordert das Exempel:
"..., wie die Erfahrung in vielen Exempeln bezeugt, ..."[20]
So können uns Exempel durch ihre Verknüpfung von universeller Aussage und konkretem Beispiel pädagogisch hervorragend über die Richtigkeit von Thesen belehren.

Ihre Autorität kann noch von klassischen Autoren herrühren:
"..., wie dessen ein Exempel der Aristoteles mit seinen undecim virtutibus gegeben. Es mangelt auch hierin nicht an christlichen Scribenten, die ein Exempel ... hervorgegeben, ..."[21],

wobei historisch zunehmend nur noch eine Hilfsstützung gesucht wird:

"Sonst ist's meine Art nicht, bei meinen Behauptungen mich auf die Aussprüche berühmter Gelehrten zu berufen. Weil aber einer und der andere meiner pädagogischen Grundsätze manchem Leser sogar paradox scheinen möchte: so hielt ich es doch für nöthig, es ein paarmal zu thun."[22]

Die eigentliche Autorität des Exempels als Stützung gründet im Anschluß an die eigene Erfahrung des Adressaten und seine Möglichkeit, durch das Exempel eigene Erfahrung zu machen. Daher ist das Exempel als Stützung der Argumentation eine der Formen belehrender Argumentation und wird auch bis in die Gegenwart von pädagogisch überzeugenden Autoren[23] verwendet.

Das Exempel ist allerdings auch nicht eindeutig belegt und identifizierbar, manchmal auch "geschönt" oder aus literarischen Quellen[24] übernommen. Aber die Erfahrung, die selbst an dem Exempel gemacht werden soll: seine Lehre ist die Einsicht in das Allgemeine, die die Thesen stützen soll.

Damit leitet das Exempel als belehrende oder didaktische Stützung über zu einer anderen Klasse von Stützungen, die wir Stützung durch nahegelegte Einsicht nennen können. Doch vorher muß kurz noch angesprochen werden, welche Probleme der Stützung durch Erfahrung in der Evaluation diskutiert werden müssen.

Erfahrungsskepsis und −rehabilitation bilden den Rahmen der Diskussion. Während bezeugte und ermöglichte Erfahrung als praktische Stützung vor allem von Thesen der praktischen Eignung (D−Argumente) unverzichtbar erscheinen, weil nur sie die Verknüpfung zur Lebenspraxis leisten, können sie einerseits von anderen, aber verwandten Stützungen ersetzt werden, wie z.B. der pädagogischen Fallstudie.[25]

Das Verlangen nach besseren, überzeugenderen, mehr wissenschaftlichen Stützungen erscheint aber nur dort gerechtfertigt, wo dargestellt Erfahrung nicht überzeugt; sei es, weil es Gegenerfahrungen gibt, sei es, weil die "Lehre" der Erfahrung nicht ausreicht. Dies ist bei progressiven Hänschen–Argumenten zu erwarten, weil hier die Erfahrung gerade noch nicht allgemeingültig sein kann.

Auch kann Erfahrung weder theoretische, institutionelle oder reflexive Stützungen ersetzen, also Defizit–, Ursachen– oder pädagogische Eignungsthesen ersetzen, sie kann aber deren Bedeutung ergänzen, sie in der Lebenswelt der Praxen verankern.

Aber auch an die Darstellungsweise der Erfahrung müssen Ansprüche in dem Maße gestellt werden, wie sie als Stützung fragwürdig ist, auf Gegendarstellungen trifft, z.B. von empirisch–statistischen Ergebnissen. Sie ist als Stützung um so mehr geeignet, je weniger sie zu Stützungszwecken "zurechtgemacht" erscheint, je phänomenologischer und dokumentarischer sie dargestellt wird.

Auch die unter "Einsicht" zusammenzufassenden Stützungen sind als pädagogische Stützungen interessant, weil sie wie das Exempel didaktisierend erst in der aktiven Rezeption Geltung erlangen. Dies ist z.B. bei Analogien und Metaphern der Fall.

> "So wie wir die Maler ihre Bilder und Statuen mit großer Sorgfalt ausarbeiten sehen, so wollen wir uns alle, Vater und Mütter, um diese wunderbaren Statuen bemühen."[26]

> "Prägt man die guten Lehren in die Seele ein, solange sie noch zart ist, so wird niemand sie herauszureißen vermögen, sobald sie fest geworden sind wie ein Siegelabdruck."[27]

> "Wie soll diese herrliche Pflanze nicht aufwachsen, wenn wir ihren Samen nicht aussäen?"[28]

> "Denn was die Schule im Kleinen ist, ist das Leben im Großen."[29]

> "Unsere Kinder blühen am lebendigen Stamm unseres Lebens, und das ist kein Blumenstrauß, sondern ein prächtiger Obstgarten."[30]

Analogien und Metaphern sind in der Pädagogik häufig verwendet und auch diskutiert worden[31]. Wichtig ist aber hier, daß ihre didaktische Funktion auch heute nur schwer durch andere Stützungen ersetzt werden kann:

"Ja, wir wollen Gärtner sein. Dieser glänzende Vergleich erlaubt es uns, einigermaßen die schwere Frage zu klären, wer das Kind erzieht, die Eltern oder das Leben."[32]

Stützungen durch Einsicht können nur als theoretische und reflexive Stützungen ernstgenommen, analysiert und diskutiert werden. Als theoretische Stützungen scheinen sie ersetzbar durch Wissen und seine Theorien; müssen aber, wo dies fehlt (Gehirn), als heuristische, vorwissenschaftliche Strategie zugelassen werden. In diesen Fällen stützen sie das Theoretische gleichsam praktisch. In anderen Fällen aber sind sie prinzipiell unersetzlich.

Dort nämlich, wo das Wissen selbst nur nicht−diskursiv[33] gefaßt werden kann; dazu gehören neben der Lebenswelt das Individuelle, das Seelisch−Geistige und die Zukunft und fast alle reflexiven Stützungen. Dort also, wo Einsicht nur metaphorisch herbeigeführt werden kann.

Überall dort, wo Wissen Interpretation beinhaltet oder voraussetzt, kann man Sinn nur "zeigen" (das berühmteste pädagogische Beispiel ist Platons Höhlengleichnis) und dieser gezeigte Sinn muß vom Verstehenden selbst begriffen, eingesehen werden. Diese didaktische Funktion kann durch keine andere Stützungsart ersetzt werden.

Aber auch hier gilt für die Diskussion, daß nur dort gestützt werden muß und nur dort Stützungen geprüft werden müssen, wo über die den Thesen zugrunde liegenden Sachverhalte Gegenbilder bestehen oder entwickelt werden können. Immer aber kann geprüft werden, wo die Grenzen der Bilder liegen und welche Konsequenzen sich aus ihnen unerwünscht ergeben können.

Stützung durch Erkenntnis scheint der am wenigsten problematische Fall von Stützungen zu sein.

Die bloße Beschwörung:

"Wer die schwächeren Seiten des weiblichen Geistes kennt, wird es nicht für angezeigt halten, junge Mädchen mit Studien zu befassen, ..."[34]

und der Verweis auf Bekanntes:

"Bekannt ist auch, wie gerne Kinder des in Rede stehenden Alters mit denen zu tun haben, die ihnen schmeicheln..."[35]

müssen im strittigen Fall durch Wissenschaft ersetzt bzw. widerlegt werden. Hier aber gilt dann, daß Stützungen durch bestimmte wissenschaftliche Positionen:

"Verhaltensbiologisch gesehen liegt die Basis der Motivation ..."[36]

"Das Buch von Schorb belegt, daß ... sich eine, dem jeweiligen Alter und Bedürfnis des Kindes entsprechende Mischung von Unterhaltung und Information anbieten läßt"[37]

"Wenn die kognitive und soziale Entwicklung von Kindern so eng miteinander verbunden sind, wie PIAGET das behauptet, ..., kann die Schule nur nach dem Prinzip des "self–government" organisiert sein."[38]

relativiert werden können durch andere Positionen: statt Verhaltensbiologie kritische Theorie, statt Piaget Montessori. Manchmal kann man auch unterschiedliche Texte eines Autoren verschieden verwenden oder nur anders interpretieren.

Hier wird vielleicht besonders deutlich, daß die pädagogische Argumentation noch nicht hinreichend gestützt ist durch Stützungen auf in sich zweifelsfreie Kenntnisse oder Theorien, sondern daß die jeweils ausgewählten Stützungen selbst noch pädagogisch diskutiert werden können.

Daher muß auch die Stützung durch oberste Normen analysiert werden. Sie scheint in besonderem Maße unangreifbar zu sein, sofern sie gemeinsame Überzeugungen verwendet. Dies ist sie aber sogar in einem überschaubaren historischen oder gesellschaftlichen Kontext nicht, in den Texten ist sie oft selbst mehr beschworen als selbstverständlich. Und so erscheint sie durch das von ihr gestützte Programm in einer Art Zirkelstützung selbst stützungsbedürftig, dies vor allem bei progressiven Hänschen–Argumenten.

Neben der Religion:

"Die Ehre Gottes muß in allen Dingen, aber absonderlich in Auferziehung und Unterweisung der Kinder als der Hauptzweck immer vor Augen stehen."[39]

"Verheißungen und Drohungen sind auch jede zu gehöriger Zeit nötig, doch sind allein die Verheißungen den Wegen des Evangeliums gemäß,..."[40]

können zu den obersten Normen auch politische, gesellschaftliche Systemorientierungen:

"Unsere Gesellschaft geht offen und bewußt der kommunistischen Gesellschaft entgegen."[41]

"Die Familie ist ein natürliches Kollektiv und, wie alles Natürliche, Gesunde und Normale, wird sie nur in der sozialistischen Gemeinschaft gedeihen,..."[42)]

und Vorstellungen gehören, die sich ästhetisch oder im Irrealis darstellen:

"Platonische Träume höre ich einige rufen. Sie sind es nicht, geliebte Leser, sondern vielleicht antizipierte Wirklichkeit oder Schilderungen mehr oder weniger entfernter Zeiten, die ich hier niederschrieb. Aber wem glühte die Wange, da er das las? Diese werden fortleben. — "[43)]

Zu den obersten Normen können auch die Reflexion, Wahrheit und das Argumentieren selbst gerechnet werden, sobald man sich explizit darauf beruft:

"Man muß hiernach annehmen, daß..."[44)]
"Wahr ist, daß..."[45)]
"Diese allgemeine Wahrheit finde ich am allerwichtigsten,..."[46)]
"Es muß dem oberflächlichsten Nachdenken klar werden..."[47)]
"..., daß sich hieraus... ein Schluß bauen läßt."[48)]

Dies mag zwar bei allen Stützungen mitgemeint sein, aber nur explizit wird es zur Autorität.

Nun ist der Zwang, den die Stützung zur Annahme einer These ausübt, keineswegs bei obersten Normen am unwiderstehlichsten. Während sich die Stützungszwänge oberster Normen schon historisch leicht auflösen lassen, ist systematisch noch unklar, was überhaupt als oberste Norm gelten kann.

Ist nicht für Aristoteles dies das Gesetz der Verfassung?:

"Das Gesetz aber hat eine zwingende Gewalt, und es ist belehrende Darlegung (logos) aus Einsicht (phronesis) und Vernunft (nous)."[49)],

einer der seltenen institutionellen Stützungen.

Deutlicher wird dies analytische Problem noch bei der Stützung durch Berufung auf "Natur". Abgesehen von den historischen Veränderungen des Naturbegriffes war die Natur des Kindes schon lange vor Rousseau eine Stütze von Thesen:

"..., denn die Kinder sind ihrer Natur nach schon im voraus zu Liebe und zum Gehorsam geneigt."[50)]

Als oberste Norm konnte sie nur theologisch in der Neuzeit durchgesetzt werden, ein Reflex ist noch:

"Und gleichwohl ist doch die Natur ebensowohl Gottes Werk als die Bibel."[51]

Und stützt dann eine andere Norm: "Die Natur ist das allgemeine Verhältnis von Mitteln gegen das menschliche Elend und zur Vermehrung menschlicher Glückseligkeit."[52]

Aber einschränkend kann sie als Grenze anderer Normen auch verwandt werden:

"Auch ist dies Verhältnis [Ungehorsam des Kindes] gerade der Natur zuwider."[53]

"Von den Kindern also verlangen, daß sie aufmerken, lernen, arbeiten sollen, in Hoffnung der Belohnung, die ihnen nach einigen Jahren dafür werden wird, heißt Kinder zu Männern umbilden wollen und der Natur vorgreifen."[54]

Oberste Normen können bei Stützungen aber auch jene Autoritäten sein, die im Normenkonflikt angerufen werden oder überhaupt jene, die topisch, also problemspezifisch als Letztbegründungen herangezogen werden. Wenn oberste Normen nicht mehr metaphysisch orientiert sind, können alle anderen Stützungsautoritäten: Wissenschaft, Geschichte, Natur oder Argumentationsregeln zur obersten Norm werden, auf die man Thesen stützt.

Wie aber können oberste Normen Thesen stützen, wenn sie selbst austauschbar und vielfältig einsetzbar sind?

Überzeugend sind in solchen Umständen vor allem die an negativen Wirkungen aufzeigbaren Verletzungen oberster Normen. In diesem Fall bedürfen sie nicht der Diskussion konkurrierender Normen!

"Daß sich der Gesetzgeber in erster Linie um die Erziehung der Jungen kümmern muß, wird wohl niemand bestreiten. Wo es in den Staaten nicht geschieht, da erwächst auch ein Schaden für die Verfassung."[55]

"Was kann man von der öffentlichen Glückseligkeit also denken, wenn man fast allenthalben das Wesen der Schulen und Studien in dem äußersten Verfalle sieht?"[56]

"Eine Gesellschaft, die ihre Kinder vernachlässigt, riskiert dagegen letztlich Desorganisation und Untergang, ..."[57]

Während es dagegen nicht leicht ist und meist auch nicht überzeugt, aus obersten Normen Stützungen für pädagogische Programme direkt abzuleiten und dabei noch die Diskussion konkurrierender Normen zu vermeiden, ist die Verletzung oberster Normen als Wirkungen einer falschen Pädagogik eine mögliche Stützung. Oberste Normen sind dann diejenigen, deren Verletzungen als gravierende Defizite für das Lebenkönnen Thesen überzeugend, d.h. ohne Widerspruch stützen.

Zusammenfassend können wir für die erziehungswissenschaftliche Diskussion von Stützungen in Hänschen–Argumenten folgende Evaluationsfragen stellen:

1. Sind bei fehlender Stützung einer These Stützungen möglich?

2. Müssen vorliegende oder rekonstruierte Stützungen diskutiert werden, weil sie

    a) nicht allgemeingültig sind oder
    b) die These nicht adäquat stützen oder
    c) pädagogische Programmatiken enthalten, zu denen Gegenprogramme entwickelt werden können oder
    d) Aussagen anderer Autoritäten gravierend verletzen?

3. Können nicht befriedigende Stützungen einer These durch bessere im Sinne von 2a–d ersetzt werden?

10. Relativierungen des Hänschen–Arguments

Unter Relativierungen will ich solche Äußerungen in Texten mit Hänschen–Argumenten verstehen, die dessen ausschließliche Geltung abschwächen, kompensieren oder einschränken. Sie folgen der Formel: So früh wie möglich, aber kindgemäß.

Das analytische Problem von derartigen Relativierungen besteht in der Einschätzung ihres Gewichts für den Hänschen–Schluß. Man könnte erwarten, daß der Topos einer kindgemäßen Pädagogik und Argumentation nach Rousseau fester Bestandteil aller Kinder betreffender Argumentation ist und insofern Hänschen–Argumente eigentlich nur vor Rousseau anzutreffen sein dürften.

Speziell progressive Hänschen–Argumente treffen wir aber eher nach Rousseau an, außerdem sind "Kind" und "Kindheit" als Argument[1] nicht unumstritten und werden auch als eine nur epochale Erscheinung diskutiert[2]. Außerdem finden wir selbstverständlich auch schon vor Rousseau die Einsicht und ihre argumentative Anwendung, daß Kinder besondere Rücksichten erfordern:

"Ich bin jedoch der Altersstufen nicht so unkundig, daß ich glaube, man müsse das zarte Alter sogleich hart anfassen und volle Anstrengung von ihm fordern."[3]

Seit Rousseau allerdings kenne ich keine Hänschen−Argumente mehr ohne Relativierungen.

Mehr noch, es scheint sogar möglich, geradezu mit Kindgemäßheit Hänschen−Argumente zu stützen. So, wenn S. Papert mit der Stützung auf "Piagetsches Lernen" ein Computerlernen mit LOGO so früh wie möglich begründet.[4] Auch die kognitive Frühförderung hat sich auf die frühe Intelligenzentwicklung nach Bloom[5] berufen.

Damit wird noch fragwürdiger, ob die Berufung auf Kindgemäßheit nicht Hänschen−Argumente wieder aufhebt, bzw. so relativiert, daß ihr Kernargument: "Von Anfang an" oder "so früh wie möglich" seine progressive Funktion verliert.

Derartige Relativierungen sollen aber nur Vermittlungen zwischen dem Hänschen−Argument und der Kindgemäßheit darstellen, und zwar so, wie auch sonst in der pädagogischen Argumentation sehr häufig Sowohl−als−auch−Schlüsse anzutreffen sind.

Immer wenn eine kritische pädagogische Reformbewegung ihren focus[6] durchgesetzt hat, ihm mit oft extremen Argumenten erst Beachtung, später Anerkennung verschafft hat, tritt dann eine vermittelnde Verarbeitung auf, die versucht, extreme Gegensätze wieder zu vermitteln. Im Zeitabschnitt 1945−1967 behandeln 5 Zeitschriftenartikel das Thema "Jahrhundert des Kindes" und "Pädagogik vom Kinde aus" und alle vertreten vermittelnden Positionen zwischen Rousseau, bzw. Ellen Key und notwendig frühen Anforderungen.[7]

Hinsichtlich des Stellenwerts von Relativierungen des Hänschen−Arguments ist aber zu prüfen, ob derartige Vermittlungen nicht fiktive Versöhnungen[8] darstellen, ob nicht theoretisch oder praktisch eine der Positionen, der Inhalt des Hänschen−Arguments oder seine Relativierung Priorität erlangt.

Hierzu muß die Analyse erstmal die Aspekte oder Dimensionen der Relativierungen untersuchen. Dazu zunächst einige Beispiele:

"Demnach viel daran gelegen, daß ... bei solchem zarten Alter aber wohl zuzusehen sein will, daß mit der Art und Weise die Anführung der Mittelstraße gegangen, und der Sachen nicht zu wenig noch zu viel getan werde, oder daß die jungen Kinder nicht gar ohne Unterweisung gelassen, gleichwohl aber ihre noch schwachen Häuptlein auch nicht überladen und dergestalt ermüdet und geschwächt werden mögen; also soll ihnen vor allen Dingen, ... aufs deutlichste und wie es die Kinder am besten begreifen können, erklärt werden."[9]

"Man wird vielmehr besonders verhüten müssen, daß das Kind, das die gelehrten Studien noch nicht lieben kann, sie hassen lernt und von der einmal empfundenen Bitterkeit auch über die Kinderjahre hinaus ein Grauen zurückbehält."[10]

"Wahr ist es, daß die Kinder in solcher zarten Kindheit nicht mögen angehalten werden, viel auswendig zu lernen, und das Gehirn gar zu streng anzugreifen. Doch muß ihnen der Grund des Christentums so einfältig und kindlich, als es immer sein will, beigebracht werden."[11]

"Von größter Wichtigkeit ist es noch, daß man die Kräfte des Kindes nicht durch zu frühen systematischen Unterricht abschwäche, ..."[12]

"Ich weiß auch wohl, daß das Antreiben der Kinder zu Arbeiten, die ihre Möglichkeiten übersteigen, die Kräfte des Kindes überspannen und schlaff machen (muß)."[13]

"Auf diese Weise entsteht eine zwanglose Vorbereitung auf Schule und Unterricht mit kleinen und damit kindgerechten Informationseinheiten."[14]

Derartige Relativierungen sind nun natürlich nicht rousseauistisch, fehlen ihnen doch die entscheidenden Momente der gesellschaftlichen Isolierung und der negativen Erziehung. Sie erscheinen vielmehr als der zu allen Zeiten gültige common sense, die praktische pädagogische Erfahrung, daß man Kindern nicht dasselbe zumuten kann wie Erwachsenen.

Aus den wenigen Zitaten wird aber deutlich, welche Funktion Relativierungen im Hänschen—Argument haben.

Zunächst beziehen sich alle zitierten Relativierungen auf eine mögliche Gefährdung der Kräfte des Kindes mit ihren Folgen Ermüdung, Schwächung, Erschlaffung und auf die Erregung von inhaltlich bestimmten Gegenkräften wie Bitterkeit, Hass, Grauen angesichts pädagogischer Unterrichtung.

Die Relativierungen sprechen also eine pädagogische Grenze der Vermittlung an, durch deren Beachtung der Hänschen—Schluß nicht gefährdet, sondern gesichert sein soll.

Für beides, die Gefährdung der Kräfte und die Weckung von Gegenkräften wird die Methode der Vermittlung verantwortlich gesehen und es werden negative und positive Hinweise auf die richtige Abstimmung zwischen Hänschen−Anforderung und Kindgemäßheit gegeben:

> nicht zu viel, nicht zu früh systematisch, nicht zu "gehirnmäßig", nicht zu viel auswendig, nicht so hart anpacken, nicht zu anstrengend

und

> einfältig, zwanglos, kindlich, kindgerecht.

Schon früh finden wir die klassischen pädagogischen Mittel der erfolgverprechenden Ansprache:

> "Das Lernen sei daher ein Spiel; man bittet das Kind, man lobe es und richte es immer so ein, daß es Freude hat an dem, was es tut; bisweilen, wenn es selbst nicht will, lehre man ein anderes Kind, so daß es darüber Neid empfinde; manchmal möge ein Wettstreit stattfinden, und öfters möge es glauben zu siegen; auch durch Belohnungen, für die dieses Alter empfänglich ist, möge es ermuntert werden."[15]

Diese Mittel stellen ein äußerst erfolgreiches Instrumentarium der Pädagogik dar, für das bis in die Gegenwart drei Momente wichtig sind:

Es wurde für alle inhaltlichen und medialen Aspekte weiterentwickelt und perfektioniert, es wurde noch um ein wesentliches Merkmal ergänzt: Selbsttätigkeit, dessen konsequente Steigerung: Selbstbestimmung die pädagogische Verfügbarkeit des Instrumentariums in Frage stellt und es wurde als ein allen Inhalten gegenüber neutrales und daher applizierbares Vermittlungsinstrument verstanden.

Damit wird von diesem Instrumentarium angenommen, daß es Kindgemäßheit sichert, wo immer es mit pädagogischen Aufgaben verknüpft wird. Kindgemäßheit wird so zu einer überall einsetzbaren Vermittlungsformel, die systematisch zwischen den extremen Positionen reiner Kindorientierung und alleiniger Erwachsenenansprache einzuordnen ist.

Sie wird aber in Hänschen−Argumenten, wie wir gesehen haben und wie es seiner Logik entspricht, nur methodisch, nicht inhaltlich verstanden. Und die argumentative Verwendung dieser Formel wird selbst da noch für selbstverständlich gehalten, wo die Medien der Vermittlung oder des Lernens Inhalt von Hänschen−Argumenten sind. Die pädagogische Eignung von Medien und Lernformen soll allein dadurch schon gewährleistet sein, daß sie "kindgemäß" dargeboten werden.

Für die Analyse steht hier nicht die Frage im Vordergrund, was "Kindgemäßheit" bei der Verwendung ihrer Formel jeweils beinhaltet, und auch nicht die Frage, ob Kindgemäßheit allein auf den methodischen Aspekt beschränkt werden darf, sondern, ob sich Inhalt und Methode überhaupt pädagogisch trennen lassen und, falls ja, welches von beiden bei unterschiedlicher Orientierung das andere in seiner Wirkung relativiert.

Als empirische Fragen verstanden gehören die Antworten darauf in die Diskussion und Evaluation. Als analytische Fragen verstanden müssen wir die Antworten zunächst in dem Gewicht suchen, das die Relativierung Kindgemäßheit in den Texten selbst erhält.

Hier können wir zweierlei beobachten:

Da Hänschen-Argumente nicht für jeden möglichen Erfahrungsbereich von Erwachsenen oder ihrer Zukünfte entwickelt werden, so fehlen Vorbereitungen auf unmoralisches Verhalten, Pessimismus, Tragik[16], wird natürlich auch Kindgemäßheit nicht mit jedem Inhalt verbunden. Solche ethischen Grenzen erscheinen pädagogisch selbstverständlich. Aber problematischer sind die Grenzen der Verwendung von Kindgemäßheit bei anderen realistischen Inhalten wie Tod, Krieg, Hunger, Arbeitslosigkeit, bestialische Vergangenheiten, die den ganzen Ernst des Lebens und der Zukunft ausmachen können.

Wo solche Themen Inhalte von Hänschen-Argumenten sind, finden wir interessanterweise auch kaum Relativierungen durch Kindgemäßheit. "Wie weit der Kibbutz geht, diesen Realitätsbezug herzustellen, belegt meines Erachtens die Tatsache, auch Kriegsgerät den Kindern zum Spielen [!] zur Verfügung zu stellen."[17]

Es gibt also durchaus inhaltliche Grenzen für die Möglichkeit, Kindgemäßheit zu fordern. Das Hänschen-Argument hat hier Priorität, weil eine Relativierung inhaltlich versagen würde oder lächerlich wäre.

Dort aber, wo Relativierungen des Hänschen-Arguments durch Kindgemäßheit empfohlen wird, wird dies nur formelhaft eingebracht. Es fehlen nämlich alle detaillierteren Angaben darüber, wie diese konkret und differenziert zu berücksichtigen ist: Wie hier nach Altersstufen differenziert werden soll, welche Mittel wie und von wem eingesetzt werden können und an welchen Theorien, Konzepten und Modellen man sich orientieren soll.

Gerade im Vergleich mit entwicklungstheoretisch orientierten Didaktiken[18] fällt diese Unbestimmtheit auf. Und dort, wo Begründungen durch Entwicklungstheorien zu finden sind (z.B. bei S. Paperts Logo−Konzept mit Piaget), wird gerade die entwicklungstheoretische Relativierung von Inhalten bestritten.[19]

Bis in die jüngste Gegenwart, so zeigt unsere Untersuchung von Argumentationen zur Computerpädagogik, in denen sich kaum verwertbare Angaben zu einer differenzierten Altersgemäßheit finden lassen[20], bleiben die kindgemäßen Relativierungen bei Hänschen−Argumenten abstrakt formelhaft, wenig elaboriert.

Denkbar ist nur, daß aufgrund des bekannten, erprobten und ja auch praktisch erfolgreichen Instrumentariums der Kindgemäßheit seine Anwendung ganz der professionellen Kompetenz des Pädagogen zu überantworten gerechtfertigt erscheint und daher nur formelhaft angesprochen zu werden braucht. Der praktische Pädagoge hätte dann jeweils zu prüfen und zu entscheiden, welche Relativierung notwendig und angemessen sei.

Aber auch durch eine solche wohlwollende Deutung der blassen Darstellung der Relativierung nach Art einer praktisch auszufüllenden Leerformel wird nur die Einschätzung bestärkt, daß der Relativierung kein argumentatives Gewicht gegeben wird. Denn wie bei den "ernsten" Inhalten ist denkbar, daß in der Praxis auch bei anderen Inhalten kindgemäße Relativierungen in der Vermittlung notwendig werden, die das inhaltliche Hänschen−Argument erheblich relativieren, bzw. ganz in Frage stellen.

Analytisch müssen wir also davon ausgehen, daß Relativierungen durch methodische Kindgemäßheit kein großes Gewicht beigemessen wird, d.h. sie argumentativ keine wirkliche Relativierung des Hänschen−Arguments darstellen.

Sie sind vielmehr als rhetorische Salvationsklauseln zu verstehen, die die Akzeptanz des Arguments erhöhen sollen, indem sie das Argument mit möglichen Einwänden und Gegenargumenten fiktiv versöhnen.

Wenn nun in Hänschen−Argumenten auftretende Relativierungen nicht als echte Relativierungen aufgefaßt werden können, solche aber zur Abgrenzung der Gültigkeitsbereiche des Arguments erforderlich erscheinen, ist damit eine wichtige Frage für die Diskussion und Evaluation gestellt.

IV. DISKUSSION UND EVALUATION

Im letzten Teil will ich darstellen, wie das Hänschen−Argument pädagogisch zu diskutieren und seine Anwendung zu bewerten ist. Am Anfang habe ich klassische und progressive Hänschen−Argumente unterschieden, um die letzteren als die radikalen genauer zu analysieren. Im Teil II wurden angewandte inhaltliche Thesen und Prämissen als 'Argumente nach Themenbereichen analysiert, im Teil III als systematisch−formale Argumente dargestellt im Schema ABC des Hänschen−Arguments. Voraussetzung war, daß das Hänschen−Argument als ein aus seinen Anwendungen isolierbares Argumentationsmuster dargestellt und seine 'Argumente als Hänschen−Argumente diskutiert werden können.

Zur Diskussion und Evaluation dieser 'Argumente benötigen wir allerdings zusätzlich eine Vorstellung vom pädagogischen Gebrauch der 'Argumente. Die pädagogische Argumentation ist in der Regel nicht−systematisch und kontextgebunden. Angesichts einer theoretisch komplexen Welt versucht sie, aus sehr heterogenen Wissensbeständen bei eingeschränkter Verarbeitungskapazität problemspezifisch pädagogische Entscheidungen zu begründen und muß dabei noch bestimmte Adressaten rhetorisch berücksichtigen. Um dies leisten zu können, bedarf es einer bestimmten argumentativen Haltung, eines bestimmten Umgangs mit Argumenten, einer Art praktischen Diskurses, in dem mehr der problemspezifische Beitrag der Argumente als ihre systematische Analyse interessiert.

Für die Diskussion und Evaluation ergibt sich daraus die Frage, wie wir die Argumente behandeln dürfen. Wissenschaftlichkeit und Alltagsverwendung, präzise Systematik und Heterogenität der argumentativen Autoritäten, Logik und Überzeugung führen zu einer Spannung zwischen common sense und argumentativ strenger Explikation.

Da wir meist Darstellungsformen begegnen, die sowohl wissenschaftlich sein wie bei einem pädagogisch interessierten Publikum wirken wollen, sowohl gültig wie programmatisch sein wollen, will ich die Diskussion in zwei Schritten führen:

Im 11. Kapitel wird die systematische Gültigkeit des Hänschen−Arguments behandelt, im 12. Kapitel der Geltungsanspruch nicht vollständiger *Argumente.

11. Zur systematischen Gültigkeit des Hänschen−Arguments

Die Hänschen−'Argumente als Argumente zu diskutieren und ihre thematischen und problemspezifischen Anwendungen zu bewerten hat zur Voraussetzung, daß die pädagogische Argumentation bei allen programmatisch−rhetorischen Interessen im Grundsatz argumentativ orientiert ist und auch so verstanden werden will.

Dieser argumentative Anspruch muß auch dann gelten, wenn entweder nicht alle notwendigen Aussagen und Forderungen, sei es aus subjektiver Unfähigkeit, sei es aus objektiver Unmöglichkeit, systematisch dargestellt werden, oder, wie im nächsten Kapitel diskutiert, das *Argument nicht als vollständiger, gültiger Schluß, sondern nur als regulative Idee pädagogische Geltung beanspruchen kann.

In jedem Fall können nur Argumente diskutiert werden und ihre Bewertung kann nur auf der Grundlage einer argumentativen Diskussion erfolgen. Diskussion und Bewertung sind nur dort möglich, wo pädagogisches Reden als explizite Argumentation angelegt ist oder als solche verstanden, d.h. rekonstruiert werden kann. Diskussionen sind allerdings nur insoweit nötig, wie sie nicht schon selbst in der Argumentation enthalten sind. Argumentative Analyse, Diskussion und Bewertung entsprechen also nur der argumentativen und diskussiven Orientierung des Redens und explizieren es dort, wo es notwendig erscheint.

Hierzu gibt es zwei Möglichkeiten: Eine problemspezifische, auf das jeweilige Thema und seine aktuellen Kontexte beschränkte und eine allgemeine, systematisch und kontextübergreifende Diskussion, die die Argumentationsmöglichkeiten überhaupt expliziert. Die letztere, hier verfolgte Absicht bedarf der systematischen Rekonstruktion der 'Argumente, da die jeweiligen besonderen, empirischen 'Argumente nur in dieser Form allgemein diskutiert werden können.

Die pädagogische Diskussion der 'Argumente setzt also unsere vorhergehenden logischen Rekonstruktionen voraus. Sie soll auch nicht die Logik einer spezifischen konkreten Argumentation analysieren[1] und prüfen, sondern zielt auf die Gültigkeit und den Gültigkeitsbereich des allgemeinen Arguments. Dabei wird zunächst in diesem Kapitel seine Vollständigkeit vorausgesetzt, Unvollständigkeit sowie seine didaktische und erbauliche Funktion werden im nächsten Kapitel diskutiert.

Die pädagogische Diskussion folgt dem Analyseschema ABCDE (Kp. 7,8), wobei die thematischen 'Argumente aus den Anwendungsanalysen (Kp. 4−6) nur exemplarisch herangezogen werden.

Diskussion der A − 'Argumente

Zu diskutieren sind (vgl. Kp. 4 und 7):

A−1 Unausweichlichkeit
A−2 Vorteil
A−3 Katastrophe
A−4 Sicherheit

A−5   Verbesserung
A−6   Beschleunigung

A_{111} ad futurum educandi
A_{112} ad futurum mundi
A_{121} Unausweichlichkeit
A_{122} Herbeiführung
A_{123} Verhinderung
A_{13} ad ignorantiam
A_{21} erziehungswissenschaftlich richtige Erziehung
A_{22} professionell richtige Erziehung
A_{23} Grenzen der Erziehung
A_{31} pädagogisches Vermittlungskriterium
A_{321} nicht−pädagogische Substituierbarkeit
A_{322} pädagogische Unvertretbarkeit
A_{323} pädagogische Unvermittelbarkeit
A_{33} andere pädagogische Absichten

Von den A_{11}−'Argumenten muß das 'Argument ad futurum mundi, wie Oelkers und Prange[2] gezeigt haben, als unsolide eingeschätzt werden.

Sofern A−'Argumente nicht−pädagogische Behauptungen beinhalten (A_{12}−'Argumente), müssen sie zwar belegt, nicht aber pädagogisch diskutiert werden. Sind die nicht−pädagogischen Stützungen umstritten, muß in einem redlichen Häns−chen−Argument dies abgebildet und die gewählte Position begründet werden.

Sofern die A−'Argumente pädagogische Sachverhalte betreffen (alle A_2− und A_3−'Argumente), handelt es sich um 'Argumente, die für alle pädagogischen Argumente zu diskutieren sind.

Nur insofern die notwendige Pädagogisierung im Hänschen−Argument die Kindheit betrifft, kann sie speziell hier pädagogisch problematisch und diskussionsbedürftig sein. Dies gehört aber in die Diskussion der B−'Argumente, weil diese die frühe Pädagogisierung begründen, oder in die Diskussion der E−'Argumente, weil hier die Entscheidung zwischen alternativen Pädagogisierungen begründet werden.

Da die Notwendigkeit von Erziehung (Pädagogisierung) bei "progressiven" Themen nur gefordert, aber nicht bewiesen werden kann, da sie immer ad futurum erfolgt und hierfür auch keine Erfahrungsdaten stützen können, kann das A−'Argument im Hänschen−Argument keine solide Basis einer Hänschen−Argumenta−

tion abgeben. Umgekehrt kann es aber auch deswegen nicht solide widerlegt werden.

Seine Plausibilität gründet daher in zwei Momenten: Einschätzung des Argumentierenden (Moral, Engagement, Interessen) und der Situation (Nachvollziehbarkeit des Defizits).

Damit erhält die didaktische Funktion des Hänschen−Arguments eine hervorragende Bedeutung und muß speziell behandelt werden (Kp. 12).

Die Verläßlichkeit des Argumentierenden kann aber erziehungswissenschaftlich eingeschätzt werden an der Güte der weiteren pädagogischen 'Argumente.

Diskussion der B−'Argumente

Zu diskutieren sind (vgl. Kp. 3,4,5,6 und Kp. 7):

B−1 Wahrheit	B−13 Systematik
B−2 Einfachheit	B−14 Effektivität
B−3 Zukunft	B−15 Individualisierung
B−4 Förderung	B−16 Selbststeuerung
B−5 Gefahr	B−17 Produktivität
B−6 Teilhabe	B−18 Sozialisation
B−7 Verantwortung	B−19 ideologische Konsequenz
B−8 Widerstand	B−20 Transformation
B−9 Gesinnung	B−21 Heil
B−10 Realismus	B−22 Wirklichkeit
B−11 Lebenshilfe	B−23 Weltenplan
B−12 Leistungssteigerung	

B_{111} entscheidendes Wirklichkeitsmerkmal
B_{113} ungefährdeter Wirklichkeitsaufbau
B_{121} Nützlichkeit
B_{122} Dauer des Nutzens
B_{123} Substituierbarkeit
B_{1311} Sozialisationswirkung
B_{1312} Sozialisationsaufwand
B_{132} Sozialisationsnotwendigkeit
B_{133} Gegensozialisation
B_{141} Unterschiede von Lernformen
B_{1421} Leichtigkeit von Lernformen
B_{1422} Produktivität von Lernformen

B_{243} Gegenwirkung von Lernformen
B_{31} Nebenwirkungen
B_{33} Inkaufnahme von Nebenwirkungen

Die B—'Argumente sind als die eigentlichen Hänschen—'Argumente zu diskutieren.

Da jedes 'Argument für sich ausführlich diskutiert werden kann und dies noch einmal differenziert nach den verschiedenen thematischen Anwendungsbereichen beurteilt werden muß, soll hier die Diskussion nur allgemein nach ihren wichtigsten Aspekten vorgestellt werden.

Zunächst wird das Problem der Stützungen behandelt, dann werden wichtige Einwände (Reaktanz, langfristige Wirkung, Umwelt, Vorerfahrung, Genese) angesprochen und eine Möglichkeit (Unterscheidung von Gegen— und Alternativ—Argumenten), wie sie argumentativ abzuarbeiten sind. Am Schluß steht eine generelle Einschätzung der Gültigkeit.

Zunächst hängt die Gültigkeit der B—'Argumente davon ab, wie gut ihre Thesen gestützt werden können.

Die Thesen, die Vermittlung eines progressiven (x) müßte früh geschehen, weil (x) wahr sei (B_{11}) oder dem Individuum nützlich (B_{12}) oder seine Sozialisation sei nachhaltiger oder leichter (B_{13}) oder sein Lernen dadurch leichter oder produktiver (B_{14}), sind nicht so leicht zu stützen, wie es oft scheint.

Stützungsprobleme entstehen vor allem dadurch, daß sich zwar Autoritäten zur Stützung finden, aber ihre Auswahl selektiv erfolgt aufgrund von Wertentscheidungen, die ihrerseits zwar wieder durch andere Autoritäten abgestützt werden können, aber dadurch gelten die ersten Stützungen nicht mehr durch sich selbst.

Das 'Argument Wahrheit (B—1, B_{111}) kann z.B. empirisch verstanden und durch "Wissenschaft" gestützt werden, aber Wissenschaft als Stützung anzuerkennen, stützt sich auf einen gesellschaftlichen Konsens, der weder immer noch speziell für kindliches Wirklichkeitsverständnis noch für dessen Genese gelten muß. Es gibt durchaus unterschiedliche Wahrheiten und diese werden auch pädagogisch unterschiedlich zu Stützungen herangezogen: Gegen die Vermittlung einer heilen Welt wird mit der Wahrheit der empirischen Verhältnisse argumentiert, für die Vermittlung progressiver Geschlechtsrollen—Vorstellungen ist ihre Empirie kein Argument. Auch hinsichtlich der "wahren" Weltanschauung läßt sich das Wirklichkeitsargument nicht gut wissenschaftlich stützen.

Soweit in progressive 'Argumente überhaupt prognostische Annahmen eingehen, müssen die Stützungen umstritten bleiben. Für die B—'Argumente erschweren auch die systematischen, begrifflichen Differenzierungen zwischen den "alten" und den neuen, progressiven Inhalten und Formen die Stützung. Die für die Argumentation konstitutiven Unterscheidungen, wie z.B. zwischen "Lernen durch Schock/ antizipatives Lernen[3] oder zwischen Familien— und Kollektiverziehung[4] oder zwischen kognitivem und ganzheitlichem Lernen[5] sind begrifflich häufig noch nicht sauber durchgearbeitet, können sich nicht auf pädagogisch etablierte Autoritäten berufen, und es mangelt ihnen naturgemäß an Erfahrung und Empirie.

Daher werden die 'Argumente oft negativ gestützt: Für ein 'Argument spricht, daß die abgelehnte Position defizitär, also unwahr, unnütz, schwieriger zu vermitteln oder unproduktiv sei. So eindrucksvoll und unumgänglich derartige negative Stützungen durch Defizitunterstellung des Gegenteils sind, so wenig sind sie solide Stützungen[6].

Um so wichtiger wird die argumentative Berücksichtigung möglicher, d.h. systematischer Einwände.

Bei allen frühen Vermittlungen ist die Möglichkeit eines folgenden Widerstands der Edukanden zu diskutieren, der dort auftreten kann, wo autonome Entscheidung und ein dafür notwendiger Erfahrungszeitraum (Kennenlernen von Alternativen) Voraussetzung sind. Reaktanz ist bei Kindern noch wenig untersucht und ein sehr komplexes Phänomen (Einfluß der Kontrollstärke, von Persönlichkeitsvariablen, sleeper—Effekte, Passivität und Depression, double bind und Autoritätsfixie— rungen)[7], das aber die 'Argumente: leichtere Vermittelbarkeit, nachhaltige Wirkung (B_{1311}, B_{1421}) in Frage stellt.

Ebensowenig eindeutig sind langfristige Wirkungen frühen Lernens. Alle psychologischen Stützungen progressiven Lernens können aufgrund der Untersuchung umfassender Programme in Frage gestellt werden.[8]

Andererseits stützen Erfahrung und Empirie die frühzeitige Sicherung und dauerhafte Wirkung früher Vermittlungen von sensomotorischen Fähigkeiten[9], soziokulturellen Orientierungen[10] und politischen Einstellungen[11].

Ein wichtiger Aspekt der Wirkung derartiger dauerhafter Prägungen ist aber, daß sie weniger auf den frühen Zeitpunkt der Vermittlung zurückzuführen ist, sondern auf die Eindeutigkeit und Selbstverständlichkeit derselben Orientierungen in der Umwelt des Edukanden. Daher stützen derartige Beobachtungen eher klassische Hänschen—Inhalte als progressive oder sind als Stützungen nur stark, wenn sie die Voraussetzung einer isolierten progressiven Umwelt machen.

Mit dieser Voraussetzung der absoluten Kontrolle der Umwelt wird aber ein anderer Einwand stark, der der Nichtisolierbarkeit bzw. der Gegensozialisation (B_{133}) durch "traditionelle" Einflüsse[12]. Das in einer Umwelt Selbstverständliche bedarf nicht der progressiven Pädagogisierung, das Progressive kann nicht ubiquitär selbstverständlich gemacht werden.

Ein weiterer Einwand läßt sich als die übersehene Vorerfahrung bezeichnen. Das Progressive ist in der Regel eine Leistung von Erwachsenen, die selbst schon eine Fülle von Erfahrungen hatten und denen das Progressive nicht früh vermittelt wurde. Ob deren eigene Vorerfahrungen nun konstitutiv für die Entwicklung und Orientierung an dem Progressiven waren, ist natürlich nicht sicher, darf aber nicht übersehen werden. Die frühe Vermittlung des Progressiven findet unter anderen Bedingungen und daher mit anderen Wirkungen statt, als bei denen, die es propagieren.

Sowohl der Einwand der Nichtisolierbarkeit wie der der übersehenen Vorerfahrung wie der nächste, der der ungeklärten Genese und Entwicklung betreffen alle drei das Verhältnis von "Traditionellem" und "Progressivem". Inwieweit wird durch die Vernachlässigung der traditionellen Inhalte die Vermittlung der progressiven beeinträchtigt bzw. wie muß ihr Verhältnis für das Hänschen−Argument berücksichtigt werden?

Ein weiterer Einwand betrifft die genetische Perspektive der progressiven Inhalte in der Vermittlung. Wenn möglichst früh schon das Wahre, Nützliche, Leichte und Produktive vermittelt werden soll, bleibt unklar, wie es in sich noch weiter entwickelt werden kann, welche Inhalte also später folgen sollen, und es bleibt auch unklar, welche Vorerfahrungen vorher vermittelt sein müssen und welcher Zeitraum dafür notwendig ist.

Grundsätzlich muß ja davon ausgegangen werden, daß progressive Inhalte historisch und individuell dem Bewußtsein nach spätere Phänomene sind, wenn sie auch manchmal im Handeln und Verhalten frühere sein können[13].

Insofern höhere Bewußtheit auch umfangreichere Vorerfahrung voraussetzt (mitunter desselben Inhalts) und diese im B−'Argument nicht thematisiert wird, erscheint die frühe Vermittlung selbst gefährdet. Die mit dem B−'Argument verbundene Vernachlässigung der traditionellen Inhalte übersieht deren spezifische Leistungen gerade der Fundierung von höheren Bewußtheitsleistungen.

Während die frühe Vermittlung wissenschaftlicher Modelle (z.B. Planetensystem, Pflanzensystematik, Atomvorstellungen) oder gesellschaftlicher Verhältnisse (Tausch, Ideologie, Gewaltenteilung, Ausdifferenzierung in Teilsysteme), Lernen durch Simulationen hohe Bewußtheit beinhalten, werden die dazu notwendigen Vorerfahrungen und deren Leistungen der Beziehungsstiftung, der Umgangserfahrungen, des Interesses und der Motivation, der eigenen Anschauung, der Willensbildung gerade durch traditionelle, "überholte" (unwahre, unnütze, mühsame oder unproduktive im Urteil der B−'Argumente) Vorstellungen und Darstellungen vermittelt. Nun sprechen derartige Einwände nicht automatisch für die Vermittlung traditioneller Inhalte, aber sie erfordern für die Vermittlung progressiver Inhalte und Darstellungsweisen eigene Vorläufe, die eine sehr frühe Vermittlung in Frage stellen.

Aus diesen Einwänden hinsichtlich der möglichen späteren Widerstände, der dauerhaften Wirksamkeit, der unkontrollierbaren Umwelteinflüsse, der drohenden Vernachlässigung anderer, wichtiger Inhalte, der mangelnden Vorerfahrung und der ungeklärten Weiterentwicklung lassen sich drei grundsätzliche Gegenargumente entwickeln, die die im B−'Argument antizipierten Vorteile problematisieren.

Erstens erscheint entwicklungspädagogisch die (antizipierte) Wirkung unsicher, zweitens kann sie die Entwicklung stören und drittens kann sie die Entwicklung der Kinder vernachlässigen. Wir können auch sagen, progressive Hänschen−Entscheidungen interagieren mit Entwicklung, den Kontexten und den Gesamtaufgaben der Pädagogik und das Gewicht dieser drei Größen spricht pädagogisch gegen die B−'Argumente des Hänschen−Arguments.

Für die Diskussion (oder eine die Diskussion antizipierende Argumentation) bedeutet dies, daß zunächst das Gewicht dieser Gegenargumente artikuliert werden muß. Gelingt dies, ist das Hänschen−Argument in Frage gestellt. Ungültig werden die B−'Argumente erst, wenn die Entwicklungs−, Kontext− und gesamtpädagogischen Gegenargumente selbst schlüssig sind. Diese sind allerdings bei progressiven Hänschen−Themen genauso schwierig zu stützen wie die Hänschen−Argumente.

In diesem Fall kann die pädagogische Diskussion so geführt werden:

Da die A−'Argumente von den B−'Gegenargumenten nicht widerlegt sind, eine Vermittlung von (x) also auch dann noch notwendig bleibt, wenn sie früh nicht richtig erscheint, müssen themen− und bereichsspezifisch die pädagogischen Gewichte der B−'Argumente und −'Gegenargumente abgeschätzt werden. Erscheinen die B−'Gegenargumente gewichtig, müssen sie unter E (pädagogische Eignung) diskutiert werden.

Die Verschiebung der Diskussion zum Abschnitt pädagogische Eignung (E) bedeutet, daß die Gegenargumente aus einer zum Hänschen−Argument alternativen Pädagogik stammen, also besser als Alternativargumente bezeichnet werden. Zwischen alternativen pädagogischen Argumenten kann nicht ohne zusätzliche pädagogische Diskussion entschieden werden, wenn sie beide schlüssig sind oder rekonstruktiv schlüssig gemacht werden können. Für die Diskussion zwischen Pädagogiken benötigen wir pädagogische Kriterien.

Die B−'Argumente lassen sich also hier nur insoweit diskutieren, als sie nicht eine Diskussion von Alternativargumenten erfordern, d.h. soweit sie nicht 'Entwicklung', 'Kontext' oder 'pädagogischer Gesamtaufgabe' widersprechen, beeinträchtigen oder gewichtiger sind als diese, also die Vorbehaltsklauseln (B_{113}, B_{123}, B_{133}, B_{243}) mit der Ausnahmeklausel von den Vorbehaltsklauseln (B_{33}) außer Kraft setzen.

Für die Gewichtung der B−'Argumente genügt es hier, bei spezifischen Themen (Vermittlung eines (x)) einzuschätzen, ob sie z. B. 'Entwicklung' tangieren. Dies ist nicht der Fall, wenn sie die Möglichkeit von 'Entwicklung' überhaupt erst sichern, wie die frühe Verkehrserziehung. Dort ist dann der Vorbehalt der Substituierbarkeit zu prüfen (B_{123}). Oder wenn das Überleben der Gesellschaft insgesamt oder einer Gruppe (auch) vom richtigen Verhalten der Kinder abhängt, wie im Umgang mit Gefahren (Feuer). Als allgemeinstes Strukturmerkmal von 'Entwicklung' (deren theoretische Problematik hier nicht diskutiert werden muß[14]), kann eine graduelle (in Stufen oder nach Phasen) Zunahme von Allgemeinheit, Prinzipienorientierung, Operationalität und Ich/Welt−Differenzierung in der Wahrnehmung und Verarbeitung von Phänomenen angesehen werden: Beziehung, Erfahrung und Handlung sind früher in der 'Entwicklung' als ihre Bewußtwerdung, Theorie, Reflexion und symbolische Verarbeitung.

Damit wird schon deutlich, daß alle frühe Vermittlung von Phänomenen, die dem Modus ihrer Verfaßtheit nach in der Entwicklung spätere sind, die Entwicklung der Verarbeitungsmodi tangieren. Dazu gehören neben Theorie, Reflexion, Bewußtmachung generell auch abstrakte Prinzipien voraussetzende Phänomene wie, z.B.:

Demokratie	(Gegenseitigkeit, Pluralismus)
Lesen	(Trennung von Zeichen und Bedeutung)
Datenverarbeitung	(Trennung von Zeichen und Gegenstand)
Wissenschaftliche Modelle	(Unanschaulichkeit, Reduktion)
Frieden	(Kompensation von Interessen)

Umgekehrt wird bei progressiven B−'Argumenten eine Diskussion von Alternativargumenten nicht notwendig, wo ihr Gegenstand einen entwicklungsgemäßen Modus hat, kontextgemäß ist und verträglich mit den anderen Aufgaben der Pädagogik.

Dies ist naturgemäß bei progressiven Inhalten wohl selten der Fall, aber man kann sie in einem entsprechenden Modus vermitteln wollen (vgl. Kp. 10: Relativierungen). So können Kinder entwicklungsgemäß:

progressive Verhaltensweisen	(Gesundheit, Friedlichkeit, ökologischer Umgang)
progressive Fertigkeiten	(Maschinenbedienung)
progressive Regelanwendung	(demokratisches Abstimmen)

zwar nachahmen, erfahren, einüben, nicht aber die vermeintlich mitvermittelten praktischen, theoretischen und reflexiven Voraussetzungen, Einsichten und Verständnisse, worauf ja die B−'Argumente zielen.

Die Relativierungen wie auch Argumentationen, mit denen die in der Entwicklung frühen Wirklichkeitsmodi, traditionellen Kontexte oder gesamtpädagogische Orientierungen zum Progressiven erklärt werden[15], können durchaus sehr sinnvolle Strategien im Sinne der A−'Argumente darstellen, aber zugleich entkräften sie auf diese Weise die B−'Argumente.

Es muß also insgesamt davon ausgegangen werden, daß die B−'Argumente nicht falsch sein müssen, wenn sie auch kaum positiv gestützt werden können, daß gewichtige Gegenargumente nur in wenigen Anwendungen (allgemeine Sicherheit z.B.) durch Ausnahmeklauseln die Vorbehalte entkräften können. Sie sind in der Regel nicht allein beweiskräftig, weil erst eine Diskussion von Alternativargumenten darüber entscheidet, welches pädagogische Gewicht ihnen zukommt.

Diskussion der C−'Argumente

Mit den C−'Argumenten (individuelle Eignung) beginnt die Gruppe der primären Vorbehalte des Hänschen−Arguments. Ihnen kommt bei den progressiven Inhalten aufgrund ihrer schwer abzuschätzenden Auswirkung in der Entwicklung besondere Bedeutung zu. Zu diskutieren sind (vgl. Kp. 4−6 und Kp. 7):

C−1 Fähigkeit
C−2 Zumutung
C−3 bessere Entwicklung

C_1 Fähigkeitsvoraussetzung
C_2 fehlende Eignung
C_{311} Zumutung
C_{312} kindgemäße Relativierung

C_{313} Eignung gegen den Augenschein
C_{33} Unüberwindbarkeit fehlender Eignung

Als Argumentationsstandard ist zunächst zu fordern, daß sie thematisiert werden. Können die Vorbehalte, insbesondere C_2 und C_{33} nicht ausgeräumt werden, kann kein Hänschen–Argument für eine frühe Vermittlung sprechen. In diesen Fällen ist zu überlegen, ob nicht, soweit die A–'Argumente valide sind, doch noch eine spätere Vermittlung möglich ist. Davon ist im übrigen immer auszugehen, wenn möglicherweise auch mit geringerem individuellen und gesellschaftlichen Wirkungsgrad, denn schließlich haben auch die Propagierer (x) vermutlich spät erworben.

Daß die individuelle Eignung gegeben sein muß, scheint selbstverständlich, aber die häufig gebrauchte Formel: so früh wie möglich verdeckt wohl doch Schwierigkeiten der genauen Bestimmung.

Von den im Kp. 7 genannten Diskussionspunkten sind die 'Argumente $C_{312}-C_{313}$ unter E (pädagogische Eignung) zu diskutieren, weil sie eine Pädagogik beinhalten, zu der es Alternativen gibt.

Hier ist nur zu prüfen, ob die für die Vermittlung von (x) vorauszusetzende Eignung gegeben ist oder nicht. Entwicklungspsychologische 'Argumente sind hier also nur als Gegen–, nicht als entwicklungspädagogische Alternativargumente zu behandeln.

Die Problematik entwicklungspsychologischer Gegenargumente rührt von drei Problemen her: Der Status entwicklungspsychologischer Kenntnisse ist unsicher[16], für progressive Inhalte gibt es methodologische Probleme, die Eignung ante festum festzustellen, und die zu fordernde Qualität der Eignung kann unterschiedlich anspruchsvoll sein.

Behauptete Entwicklungsgrenzen der Eignung können durch Lernen in Frage gestellt werden bzw. widerlegt erscheinen durch individuelle Lernerfolge (Frühbegabte) oder bereichsspezifische Leistungen (Frühlesen) oder ein entsprechendes Verhalten (Verbalismus), die mögliche Eignung stützen.

Mangelnde Eignung kann ante festum weder individuell noch für neuartige Bereiche als Gegenargument empirisch belegt werden. Mangelnde oder fehlende Eignung kann daher als Gegenargument zu einer frühen Vermittlung nur prinzipiell als wirksame Grenze angeführt werden. Als allgemeinstes Merkmal kann daher nur der Grad an Reflexivität, der die Qualität der geforderten Eignung ausmacht, als Kriterium verwendet werden.

Ist Reflexivität eine konstitutive Voraussetzung für die Vermittlung eines progressiven Inhalts, muß entwicklungspsychologisch als Gegenargument eingewandt werden, daß für die Möglichkeit von Reflexivität, kognitiv als reversibles Operieren, emotiv als Selbstbewußtheit, moralisch als eigenes Urteil und sozial als kompensierende Gegenseitigkeit zu verstehen, eine altersspezifische Grenze um 11–12 Jahre angenommen werden kann.[17]

Reflexivität setzt aber langjährige Vermittlungen, Erfahrungen und Übungen voraus und diese können thematisch auf progressive Inhalte gerichtet werden und dadurch können "gelernte" Erscheinungsbilder von Reflexivität entstehen, die Eignung vortäuschen.

Wenn die altersspezifische Grenze der Möglichkeit von Reflexivität gilt, dann darf angenommen werden, daß postulierte und beobachtete Eignungen nicht reflexiv konstituiert sind, sondern durch andere, nicht–progressive Modi: also z.B. demokratisches Verhalten durch Autorität, logisches Operieren durch ritualisierte Verfahren, Urteil und Selbstbewußtheit durch nachgeahmte Rhetorik. Der pädagogisch angesichts dieser Möglichkeiten immer wieder thematisierte Verdacht auf Verbalismus, Erfahrungs– und Anschauungsmangel, bloßes Auswendiglernen erhöht die Wahrscheinlichkeit, fehlende Reflexivitätseignung als Gegenargument verwenden zu können.

Mangelnde Eignung muß also nur dann als gegeben angenommen und damit die Vorbehaltsklausel als erfüllt angesehen werden, wenn Reflexivität entscheidendes Merkmal und konstitutive Voraussetzung für die Vermittlung eines (x) ist. Dann ist das Hänschen–Argument nicht valide.

Zielt die frühe Vermittlung eines (x) aber nur auf eine Einführung, eine vorläufige Erfahrung und Reflexivität vorbereitend, kann das Vorliegen von Eignungen bei entsprechenden Stützungen nicht ausgeschlossen werden.

Unklar ist aber dann, ob mit dem Vorläufigen auch wirklich das Progressive vermittelt wird, und welche Wirkungen durch diese vorlaufende Vermittlung auf den späteren "Erwerb" des Progressiven und auf andere Lern– und Entwicklungsprozesse ermöglicht werden. Diese pädagogischen Wirkungen aber können als 'Argumente bzw. Vorbehalte nur unter E (pädagogische Eignung) diskutiert werden.

Diskussion der D–'Argumente

Die Zweifel am Vorhandensein der notwendigen Fähigkeit zur Reflexivität ziehen natürlich Zweifel nach sich, ob dann der Vorbehalt des fehlenden praktischen Modells nicht auch erfüllt sein müßte.

Der Vorbehalt der praktischen Eignung läßt sich zunächst methodisch schwer widerlegen. Im Extremfall einer bloß geforderten, aber noch nicht realisierten Praxis ist als Minimalstandard eine explizite Darstellung der gedachten Praxis zu fordern. Das Modell dazu hat Rousseau mit seinem Emile geliefert, fiktive oder literarische Schilderungen (wie z.B. die der Kollektivfamilie durch Makarenko[18]) genügen oft quantitativ nicht, wobei ihre Beweiskraft umstritten bleibt. Diese Minimalforderung ist aber vor allem deswegen notwendig, um die Verallgemeinerbarkeit der Voraussetzungen erkennen und beurteilen zu können.

Da alle progressiven Vermittlungen praktisch nur unter besonderen Bedingungen realisiert werden, ist nämlich zu prüfen, ob diese überhaupt verallgemeinert werden können und wenn ja, zu welchen Kosten.

Kosten aber können nicht den Vorbehalt bestätigen, sondern müssen unter E (pädagogische Eignung) diskutiert werden. Anders ist es mit der Prüfung, ob das realisierte Modell auch die angestrebte frühe Vermittlung erfolgreich geleistet hat.

Der Nachweis der erfolgreichen Vermittlung muß nicht nur oberflächliche Adaptionen ausschließen, sondern auch die dauerhafte Wirkung nachweisen. Hier kann der eigentlich wie bei allen pädagogischen Vermittlungen notwendige Nachweis für die Dauer des ganzen Lebens weder geliefert werden noch ist er sinnvoll, da inzwischen sich die Voraussetzungen wiederum ändern können. Er sollte aber mindestens für den Zeitraum bis zu einer alternativen, späteren Vermittlung erfolgen. Die Darstellung des praktischen Modells muß nämlich erlauben, aus ihm 'Argumente und 'Alternativargumente zu gewinnen. Ist dies nicht möglich, bleibt der Vorbehalt mangelnder Praxis(darstellung) bestehen.

Ob nun das D—'Argument valide sein muß, läßt sich hier in der allgemein—systematischen Diskussion nicht beurteilen, ohne die praktischen Beispiele zu diskutieren. Aber weder können alle Beispiele diskutiert werden noch kann ein erfolgreiches Beispiel schon die prinzipielle Gültigkeit belegen, allenfalls eine themenspezifische Gültigkeit. Aber auch hierfür fehlen bei vielen Argumentationen hinreichende Informationen über ein praktisches Modell.

Allerdings zeigen nicht nur unsere Zweifel am Vorliegen der notwendigen individuellen Eignung (Reflexion), sondern auch exemplarisch das Schicksal einiger vielbeachteter progressiver Vermittlungsprojekte, daß frühe Vermittlungen progressiver Inhalte nicht sehr effektiv sind.

Als solche exemplarischen Versuche können wir folgende Projekte nach ihrer Effektivität, ihren Bedingungen und Kosten befragen:

Kollektiverziehung im Kibbutz[19],
das head—start Projekt[20],
antiautoritäre Erziehung in Kinderläden[21],
Frühlese—Unternehmungen[22],
LOGO—Projekte[23].

Bei anderen ist ein Nachweis ihrer praktischen Effektivität überhaupt schwer vorstellbar:

das weltweite Lernprojekt des Club of Rome[24],
die Friedensschule von H. Röhrs[25].

Ob bei einer anderen Gruppe progressiver Praxen wie:

progressive Kinderfernseh—Sendungen[26],
Helferspiel[27],

die erfolgreiche Vermittlung als Beleg praktischer Eignung anerkannt werden kann, hängt von dem Anspruch an die Qualität des Erfolges ab.

Dasselbe Problem besteht, wenn man mit den Verfechtern eines "Verschwindens der Kindheit"[28] die Teilhabe der Kinder an der modernen Welt der Erwachsenen, insbesondere ihre Aufgeschlossenheit für "progressive" Entwicklungen (Neue Medien, Ökologie) als Beleg für eine gelungene frühe Vermittlung anführen will.

Hier handelt es sich aber weder um eine Progression durch Pädagogik, die Kinder nehmen nur eine veränderte Umwelt schneller oder leichter für selbstverständlich, noch ist klar, ob damit Kindheit verschwindet[29], noch ist sicher, ob nicht damit verbundene Phänomene/Auswirkungen Argumente gegen diese "Vermittlungen" stützen.

Spätestens seit den 50er Jahren werden pädagogisch Auswirkungen der modernen Umwelt auf Verhalten und Entwicklung von Kindern kritisch betrachtet[30]. Während einerseits methodologische Zweifel an sicheren Erkenntnissen über Veränderungen bei Kindern aufgrund veränderter Umwelt bestehen[31], können aus diesen auch pädagogisch unterschiedliche Konsequenzen gezogen werden: Zustimmung und pädagogische Intensivierung (z.B. mit dem Realitätsargument) oder Gegenstrategien (z.B. mit einem entwicklungspädagogischen Argument).

In allen Fällen aber (mangelnder Nachweis oder Zweifel an der Effektivität, Behauptung von schädlichen Auswirkungen oder geforderte Zumutung solcher Wirkungen) erscheint eine eindeutige, unumstrittene Abwicklung des D−Arguments ohne zusätzliche E−'Argumente (pädagogische Eignung) nicht möglich.

Diskussion der E−'Argumente

Die Erörterungen zu den E−'Argumenten in Kp. 8 und die Verweise auf sie in den vorhergehenden Diskussionen zeigen, daß sie den entscheidenden Teil des Hänschen−Arguments insofern darstellen, als für sie die dem Argument immanente Diskussion verknüpft werden muß mit einer allgemeinpädagogischen Diskussion.

Aus den 'Argumenten E_1 und E_3 (vgl. Kp. 8) sind insbesondere zu diskutieren:

Kriterien der pädagogischen Adäquatheit,
immanente Kosten,
kompensatorische Kosten,
systematische Kosten,
aktuelle Kosten.

Pädagogische Adäquatheit und pädagogische Kosten sind Konzepte, die die Argumentation zwischen Pädagogiken betreffen und entsprechende Verfahren zur Analyse und Evaluation voraussetzen. Dies will ich hier nur für das Hänschen−Argument versuchen.

Für die Diskussion der Adäquanz und Kosten eines praktischen Modells müssen wir unterscheiden zwischen den Alternativen innerhalb des Hänschen−Arguments und den Alternativen zu ihm, also zwischen unterschiedlichen Modellen einer frühen Vermittlung und den Modellen von Alternativargumenten. Die letzteren will ich zuerst behandeln.

Systematisch lassen sich für den Kostenvergleich aus einer zweiwertigen Matrix drei Alternativen zum Hänschen−Argument denken:

1. frühe, strukturierte Vermittlung: Hänschen−Argument
2. frühe, freie Vermittlung: erfahrungspädagogisches Argument[32]
3. späte, strukturierte Vermittlung: entwicklungspädagogisches Argument
4. späte, freie Vermittlung: life long learning

Allen drei Möglichkeiten lassen sich praktische Modelle[33] zuordnen, wobei es in jeder Gruppe wiederum Varianten mit erheblichen pädagogischen Differenzen[34] zwischen ihnen gibt. Da die Alternativen 2,4 starke Überschneidungen mit 1 aufweisen, bleibt als eigentliche Alternative zum Hänschen-Argument für die Diskussion der Kosten das entwicklungspädagogische Argument.

Das entwicklungspädagogische Argument läßt sich so darstellen:

A-'Argumente: Eine pädagogische Vermittlung von (x) ist notwendig
B-'Argument: Eine entwicklungsgemäße Vermittlung von (x) ist vorteilhafter
CDE-'Argumente: Es sei denn, es fehle die individuelle, praktische, pädagogische Eignung
Schluß: (x) muß entwicklungsgemäß vermittelt werden

Handelt es sich nun um dasselbe (x) wie bei einem Hänschen-'Argument, sind die jeweiligen B-'Argumente zueinander Gegenargumente, nur eins von ihnen kann richtig sein. Dies gehört aber in die Diskussion der B-Argumente.

Aber das (x) kann im entwicklungspädagogischen Argument, wenn es für alle x_{ij} gelten soll, sozusagen die Entwicklung selbst zum Gegenstand haben. Wenn die pädagogische Vermittlung der "Entwicklung" notwendig erscheint, was seit Rousseau nicht mehr paradox ist, dann wird das entwicklungspädagogische Argument zum Alternativargument gegenüber jedem Hänschen-Argument.

Indem es ein anderes (x) zu vermitteln für notwendiger hält, konkurrieren jetzt beide Argumente für denselben Zeitraum der frühen Erziehung darum, welche x_{ij} notwendiger zu vermitteln sind: die progressiven Inhalte oder die entwicklungspädagogischen. Auch wenn also 'Argumente sowohl des Hänschen- wie des entwicklungspädagogischen Arguments gültig sind oder plausibel erscheinen, kann erst eine Alternativargumentation über deren pädagogisches Gewicht entscheiden.

Zwar müßte und kann auch das entwicklungspädagogische Argument vollständig dargestellt werden, aber für die Prüfung der Vorbehaltsklausel soll an dieser Stelle die Diskussion eines die Alternativargumentation entscheidenden Kriteriums genügen. Auf der Suche nach einem die Alternativargumentation entscheidenden Kriterium gilt, daß das entscheidende Argument weder auf eine absolute Theorie noch auf langfristige Wirkungen gestützt werden kann, sondern eben auf den Vergleich der pädagogischen Kosten.

Der Vorrang eines der beiden Argumente kann nicht auf einen religiösen Glauben, die Evolutionstheorie, eine Zivilisationstheorie o.ä. gestützt werden, weil derartige Konzepte pädagogisch neutral oder offen sind[35]. Die Annahme, sie gälten auch pädagogisch "von Anfang an", führt nur zum Hänschen-Argument, dies aber verlangt zusätzliche pädagogische Begründungen. Auch der Vergleich der langfristigen Wirkungen ist so lange kein Entscheidungskriterium, wie wir für diese pädagogischen Kosten kein pädagogisches Bedeutungskriterium für die alternativen Argumente bestimmen können.

Für unseren Fall bietet sich nun dafür einerseits die Interaktion zwischen früher Vermittlung und der Entwicklung an, andererseits ihre jeweilige Unersetzbarkeit in dieser Interaktion. So setzt eine frühe Vermittlung keineswegs Entwicklung außer Kraft, die früh vermittelten Inhalte bleiben dem entwicklungsgemäßen Verständnis unterworfen[36]. Andererseits können sie durchaus Entwicklung beeinflussen[37]. Daraus folgt: Ist eines der von den beiden Argumenten geforderten Vorhaben unersetzlicher als sein alternatives und wird von diesem gefährdet, dann erfüllt es den Vorbehalt mangelnder pädagogischer Eignung bei diesem aufgrund zu hoher systematischer Kosten.

Das die Alternativen entscheidende Argument hat also folgende Form:

1. Zu einem (x) des Hänschen−Arguments gibt es ein alternatives (y) (Entwicklung) des entwicklungspädagogischen Arguments. Beide sind unabhängig voneinander gut begründet oder erscheinen plausibel.

2. Entwicklung ist unersetzlicher und weist epochale, regionale, individuelle Defizite auf.

3. Es sei denn, es bestehen keine Wechselwirkungen zwischen Entwicklungsdefiziten und progressiven Vermittlungen oder Selektion infolge höherer Ansprüche wird pädagogisch gewollt.

4. Schluß: Es gilt der Vorbehalt mangelnder pädagogischer Eignung des Hänschen−Arguments.

Voraussetzung für die Gültigkeit des E−'Arguments sind also die theoretische und faktische Wechselwirkung zwischen "Entwicklung" und "Hänschen−Förderung", die pädagogische Unersetzbarkeit von Entwicklung und die aktuellen epochalen, regionalen, individuellen Defizite an "Entwicklung". Gelingen diese Stützungen, folgt zugleich, daß das Hänschen−Argument nie universal gültig sein kann, die historisch, situativ, thematisch wechselnden Bedingungen für das Wechselverhältnis von Entwicklung und progressiven Vermittlungen bedingen, daß das Argument nicht für alle Zeiten, für jeden Bereich und für jeden Adressaten gültig sein wird.

Ein pädagogischer Vorrang von "Entwicklung", wenn diese gefährdet erscheint, ist daraus zu folgern, daß in ihr die jeweiligen Voraussetzungen späterer Leistungen erworben und gesichert werden. Während progressive Inhalte auch später vermittelt werden können (wenn auch mit geringerer Wirkung), bedeutet "Entwicklung" "irreversibler Prozeß"[38] oder läßt sich nur unter hohen Kosten "nachholen"[39].

Aus den Schwierigkeiten, ein allgemeingültiges Konstrukt "Entwicklung"[40] zu etablieren, kann nicht geschlossen werden, "Entwicklung" gebe es überhaupt nicht[41] (dasselbe gilt für "Kindheit"[42]), sondern eher auf Interaktionen mit kulturellen Vermittlungen.

Während wir ohne Zweifel speziell in den Industrienationen epochale und regionale Einflüsse der modernen Umwelt auf die Entwicklung annehmen können[43], ist es schwieriger, derartige Einflüsse als Gefährdungen der Entwicklung nachzuweisen[44].

Als datum crucis können in diesem Zusammenhang die Zunahme von "Behinderungen" angesehen werden. Kann eine Zunahme vermutet oder sogar nachgewiesen werden[45], muß man entweder die Einschätzung "Behinderung" leugnen, den Einfluß der Umwelt abstreiten, eine mit den Anpassungsleistungen verbundene Selektion akzeptieren oder eine Gefährdung von Entwicklung durch nicht entwicklungsgemäße Vermittlungsangebote und Anpassungsleistungen zumindest bei sensiblen Individuen annehmen.

Aufgrund der in den letzten Jahrzehnten zugenommenen Informationsangebote für Kinder allein, aber auch aufgrund vieler anderer Eindrücke, müssen wir für unsere Epoche, Region und dort aufwachsende bestimmte Individuen vermuten, daß ihre Entwicklung eher gefährdet ist als gestärkt wird. Für die Zukunft ist dabei eher von einer Verstärkung dieser Tendenz auszugehen.

Damit kann für uns heute, auch wenn das entwicklungspädagogische Argument nicht explizit dargestellt und geprüft worden ist, davon ausgegangen werden, daß das E−'Argument plausibel ist, d.h. das Hänschen−Argument nicht. Es sei denn (E_3: Ausnahme von der Ausnahme) dieser Zusammenhang gilt für bestimmte thematische Bereiche nicht[46], Selektion wird als Strategie akzeptiert oder wir behandeln andere Epochen, andere Regionen.

Gelingt es auf diese Weise, die pädagogische Alternativen beinhaltenden Einwände, Kontexteinfluß und gesamtpädagogische Aufgaben (vgl. Diskussion der B−'Argumente) sowie die systematischen, aktuellen und kompensatorischen Kosten auf ein zentrales Kriterium zu konzentrieren, können die pädagogische Kostenbilanz, das pädagogische Gewicht und die pädagogische Adäquatheit eines 'Arguments zumindest abgeschätzt, auf jeden Fall diskutiert werden.

Obwohl progressive Hänschen—'Argumente also plausibel erscheinen können, lassen sie sich hier und heute nicht valide darstellen, d.h. das Hänschen—Argument auch nicht!

Für alle ABCDE—'Argumente besteht nicht nur die Schwierigkeit empirischer Belege, sondern auch ernstzunehmende Gegenargumente und für unsere Zeit, unseren Raum und kritische Adressaten gewichtige Alternativargumente sprechen gegen sie. Demgegenüber muß überraschen, wie häufig und leichtfertig das Argument verwandt wird und wie plausibel es dem common sense erscheint. Dafür lassen sich zwei Erklärungen anführen. Der common sense stützt seinen Eindruck von der Richtigkeit progressiver Hänschen—*Argumente auf die Erfahrung der Richtigkeit klassischer Hänschen—Argumente und überträgt diese Erfahrung auf die progressiven. Er versteht andererseits das progressive Hänschen—*Argument aus der dringlich gemachten Notwendigkeit moralisch.

Damit wird aber vor allem auf seine didaktische und erbauliche Funktion gesetzt, die eine systematische Darstellung und Prüfung überflüssig erscheinen läßt. Überzeugt die "Argumentation", stellt sie den pädagogischen Willen her, der die "Beweise" realisieren wird, da durch die Rhetorik der Rede gar keine anderen Hindernisse als mangelnder, uneinsichtiger oder konträrer, d.h. böser Wille denkbar wird.

Hier irrt nun zwar der common sense, aber er läßt sich aus denselben Gründen schwer widerlegen, welche auch die Stützung der Gegen— und Alternativargumente erschweren bzw. sie ebenfalls mit Hilfe des moralischen Appells zu Trugschlüssen werden lassen.

Obwohl die Strategie "von Anfang an" oder "so früh wie möglich" als eine Abart des "wenn alle nur wollen, läßt sich die Not wenden" anzusehen ist, kommen wir wegen der grundsätzlichen Schwierigkeiten, das Hänschen—*Argument systematisch valide darzustellen, nicht umhin, abschließend sowohl auf die Gültigkeit des klassischen Hänschen—Arguments einzugehen, wie auch die erbaulich—didaktische Funktion der unvollständigen progressiven Hänschen—*Argumente genauer zu betrachten.

12. Regulative Gültigkeit des unvollständigen Arguments

Im vorhergehenden Kapitel habe ich gezeigt, daß das Hänschen—Argument weder argumentativ vollständig dargestellt werden, noch universell gültig sein kann. Es gibt vielmehr gute pädagogische Gründe, es unabhängig vom Inhalt für invalide und pädagogisch schlecht begründet anzusehen.

Progressive Hänschen—*Argumente sind aber nun so weitverbreitet, vielfältig und immer wieder "überzeugend" vorgetragen, daß weder ein erziehungswissenschaftliches Bestehen auf Vollständigkeit noch ein schlichtes Verbot, das Argument zu verwenden, den Phänomenen seines Gebrauches und dessen Anlässen gerecht wird. Die Frage, ob das progressive Hänschen—Argument auch in seiner unvollständigen Form Gültigkeit beanspruchen kann bzw. welche minimalen Anforderungen wir an seine Darstellung stellen müssen, kann daher nur im Zusammenhang einer systematischen Analyse der Argumentationssituation, soll heißen der Strukturen des "Argumentationsfeldes" diskutiert werden.

Wir müssen nämlich von einer Vorstellung eines offenen Gleichgewichts aller Bedingungen und Einflüsse ausgehen, das nicht nur objektiv veränderlich ist, sondern auch in der Wahrnehmung seiner Beobachter. Diese nehmen insbesondere Veränderungstendenzen wahr und zusammen mit ihnen auffällige Argumente, mit denen Veränderungen eingeleitet, verstärkt werden oder mit denen gegengesteuert wird.

Vor dem Hintergrund einer solchen, aus den jeweilig zugängigen Informationen interpretierten Tendenzstruktur wird ein pädagogisches Argument weniger als objektives, endgültiges Kriterium zur Begründung einer Entscheidung eingesetzt, zumal sein Verwender in der Regel sich nicht in der Funktion eines gesetzlichen, institutionalisierten und sanktionsfähigen Richters sieht. Vielmehr versucht er, mit seinem *Argument als eine unter vielen Größen die pädagogischen Tendenzen zu regulieren.

Das regulative Gewicht eines *Arguments kann aber nicht unabhängig vom aktuellen und systematischen Gewicht seiner regulativen Idee im Kontext anderer regulativer Ideen[1] zum Problembereich betrachtet werden. Was dem Argument regulative Bedeutung geben kann, unabhängig davon, ob es valide dargestellt wird oder dargestellt werden kann, ist die mit ihm geltend gemachte, weil tendenziell gefährdete, vernachlässigte, aber unaufgebbare regulative Idee. Sofern es diese vertritt, erscheint es gerechtfertigt, wie unvollkommen es auch sonst dargestellt wird. Gerade eine Gefährdung oder Vernachlässigung einer gegenüber anderen, argumentativ beherrschenden Ideen rechtfertigt auch eine unabgewogene, rhetorisch überhöhte Darstellung.

Für die Pädagogik des Kindes können wir wenigstens drei regulative Ideen des Pädagogischen unterscheiden[2]:

1. daß es eine Kindheit habe,
2. daß es Erziehung brauche und
3. daß es vollwertiger Mensch sei.

Ohne Schwierigkeit werden wir erkennen können, daß jede dieser regulativen Ideen pädagogisch axiomatische Bedeutung hat, für sich gilt und keiner zusätzlichen Rechtfertigung bedarf, zugleich werden wir aber auch bemerken müssen, daß sie zum Teil gegensätzlicher Natur sind.

Während sie im strengen, absoluten Sinne nicht programmatisch zu vereinen sind, wird doch versucht, ihnen allen drei theoretisch, aber vor allem praktisch irgendwie gerecht zu werden. So kann ein "Kind" in einer "Lerngesellschaft" als Lernender vollwertiger Mensch sein, als Lernen auch seine notwendige Erziehung aufgefaßt werden und seiner Kindheit in quantitativ geringeren Anforderungen Genüge getan werden. Aber derartige semantische Konstruktionen überzeugen theoretisch nicht und können eine tatsächliche Praxis auch nicht wirklich abbilden.

Wir müssen also immer mit zweierlei rechnen: In theoretisch einigermaßen stimmigen Programmen wird mindestens eine der Ideen nicht hinreichend berücksichtigt, d.h. verletzt. Und das, was praktisch geschieht, ist semantisch nicht eindeutig, es läßt sich nach Art einer Unschärferelation unterschiedlichen, nicht zu vereinenden regulativen Ideen zuordnen.

Obwohl ich hier nun nicht die gesamte mögliche pädagogische Kombinatorik zwischen diesen regulativen Ideen nach ihren historischen und semantischen Variationen von pädagogischen Programmen und praktischen Problemen darstellen kann, so können wir doch für das Hänschen−Argument fragen, welche beobachteten oder befürchteten Tendenzen, welche Defizite, welche Verletzungen welcher regulativen Idee sind es, die Anlaß geben, ein Hänschen−*Argument anzuführen?

Diese Anlässe sind nun nicht wiederum als Argumente, Thesen oder Stützungen des Hänschen−*Arguments zu betrachten und als solche zu behandeln, sondern als Motive und Strategien zunächst aus ihren Ursprungssituationen zu verstehen und dann nach ihrer Angemessenheit oder Unangemessenheit zu beurteilen.

Folgende Konstellation kann als psychische Grundlage für den Griff nach dem Hänschen − *Argument angenommen werden:

Das Auftreten radikal neuer Einsichten, deren Vermittlung einerseits notwendig, andererseits durch die bestehende Pädagogik nicht gewährleistet, oft sogar gefährdet erscheint. Da die neue Einsicht radikal anders orientiert ist, scheint es notwendig, von Anfang an nur sie zu vermitteln, was zugleich auch leichter und sicherer zu sein scheint: Das Richtige muß sich dann sozusagen automatisch einstellen. Hinzu kommt, daß eine angenommen ausgeprägte Differenz zwischen Kind und Erwachsenem im Hinblick auf das zukünftig notwendige Neue als inhaltlich unangepaßt, pädagogisch unangemessen und menschlich herabsetzend empfunden wird.

Die Teilhabe an der Zukunft kommt sogar als ihren Garanten eher den Kindern zu.

Ungenügende und unsichere Erziehung und mangelnde Teilhabe erscheinen so als Verletzungen der regulativen Ideen der notwendigen Erziehung und der Vollwertigkeit und diese befürchteten Tendenzen sollen mit dem Hänschen−*Argument progressiv reguliert werden.

Da dies systematisch gesehen allerdings eine Vernachlässigung der Idee der Kindheit beinhaltet, muß diese Idee dann "vergessen" oder bestritten oder ihre Verletzung in schwacher Form durch Relativierungen abgemildert werden.

Dies kann allerdings nur so lange theoretisch gelingen, wie sich nicht in der neuen Praxis die regulative Idee der Kindheit zur Geltung gebracht hat, sei es durch die auftretenden Defizite seiner Vernachlässigung, sei es durch die praktische Unmöglichkeit, das Hänschen−*Argument zu realisieren.

Es darf nämlich angenommen werden, daß genau die praktische Vermittlung nach einem Hänschen−*Argument jene Rücksichten zu nehmen notwendig erscheinen läßt, die offen oder latent, bei verschiedenen Kindern unterschiedlich zeigen, daß ein Kind kein Erwachsener ist.

Auch für andere, von uns diskutierte Einwände wie Widerstandsphänomen, mangelnde Genese − und Entwicklungsvorstellungen, Nichtberücksichtigung des Kon − textes, Nicht−Eignung für reflexiv konstituierte Inhalte gilt, daß sie nur bei feh − lenden praktischen Erfahrungen übersehen werden können.

Gerade dieser Mangel an Praxis und Erfahrung ist ein entscheidendes, konstitutives Moment für die Verwendung des Hänschen−*Arguments. Nicht nur in dem Sinne, daß eben die bestehende Praxis als ungenügend angesehen wird, daß es daher schwierig ist, das Hänschen−*Argument empirisch, praktisch zu stützen, sondern auch in dem Sinne, daß nur pädagogische Unerfahrenheit annehmen kann, Progressives ließe sich von Anfang an einfach und mit sicherer, langfristiger Wirkung vermitteln und so pädagogisch herbeiführen. Andererseits ist diese Unerfahrenheit bei der Vermittlung progressiver Inhalte nicht allein ein Problem individuellen Ungenügens, sondern objektiv gegeben.

In diesem Sinne ist das Hänschen−*Argument Ausdruck fehlender Pädagogik, es ist unpädagogisch, weil es nur in solchen Situationen auftritt und Geltung beansprüchen kann, für die keine pädagogische Erfahrung, Praxis und Reflexion vorliegen.

Wenn ich so von pädagogischer Unerfahrenheit im doppelten Sinne als systematischer Bedingung der rhetorischen Möglichkeit des Hänschen—*Arguments annehme, daß sie einerseits bei neuer Einsicht notwendig auftreten muß, andererseits wirklich simple Unerfahrenheit ist, wie trägt dann das *Argument zur Regulierung von Tendenzen bei und wie muß dies beurteilt werden?

Einerseits stellt es eine wirklich unpädagogische Strategie dar, die zwar angesichts notwendiger Vermittlung neuer Erkenntnisse bei pädagogisch Unerfahrenen und ohne erziehungswissenschaftliche Reflexion Anklang findet, aber wohl dann bei ihrer praktischen Realisation durch ein learning by doing verändert wird und damit widerlegt ist.

Andererseits kann diese Strategie notwendige Veränderungen der Pädagogik herbeiführen, vor allem dadurch, daß durch sie die progressiven Themen inhaltlich selbstverständlicher werden, auch dann, wenn die Vermittlung nicht (sicher) gelingt.

Dabei ist von entscheidender Bedeutung, ob die progressiven Einsichten auch außerhalb der Pädagogik Allgemeingut werden. Ist dies der Fall, und dazu mag das Hänschen—*Argument beigetragen haben[3], dann geht es um die frühe Vermittlung von selbstverständlich oder akzeptabel Gewordenem und dies ist Inhalt des klassischen Hänschen—Arguments.

In diesem Falle war zwar das progressive Hänschen—Argument didaktisch erfolgreich, seine Validität aber ist nicht durch pädagogisch—praktischen Erfolg gestützt, sondern es ist zum klassischen Hänschen—Argument geworden.

Als solches aber reguliert es nicht mehr pädagogisch gegen eine Zeittendenz, sondern verstärkt diese noch.

Allerdings bleibt unklar, was damit gewonnen ist: progressive Hänschen—*Argumente können auch als klassische nicht richtiger werden. Für das inhaltlich entscheidende Moment des Reflexiven kann auch das klassische Argument nicht gelten bzw. keine Stützung sein. Diese Verwechslung ist hier ein klassischer Kategorienfehler[4].

Im übrigen ist auch das klassische Hänschen—Argument ein Hänschen—Argument, das zwar für alle Inhalte der "Kinderstube" wie sensomotorisches Bewegungsgestalten[5], soziokulturelle Kodes[6], Einstellungen und Verhaltensstile[7] prägende Wirkungen, auch langfristiger Art anführen kann, aber diese sind nicht nur revidierbar[8], sind also langfristig unsicher, sondern können auch gerade für reflexiv begründete Einsichten keine Geltung beanspruchen.

Eine Darstellung des klassischen Hänschen−Arguments kann nämlich analog der des progressiven nach dem ABCDE−Schema erfolgen. Für es gelten zwar für die A−'Argumente andere Begründungen (das soziokulturell Selbstverständliche bedarf durchaus einer Vermittlung, weil es für Kinder noch nicht selbstverständlich ist, aber werden soll, Mühe, Anstrengung und Übung verlangt und notwendige Grundorientierungen, Verhaltensweisen und Kenntnisse für spätere Leistungen darstellt), für die B−'Argumente aber gelten ohne Ausnahmen[9] dieselben 'Argumente und 'Gegenargumente.

Es läßt sich allerdings vollständig darstellen, weil in bezug auf die Vermittlung des Selbstverständlichen sich aus der pädagogischen Erfahrung alle 'Argumente, besonders die C− und D−'Argumente stützen lassen.

Aber auch die E−'Argumente müssen dargestellt oder diskutiert werden, weil es dem Selbstverständlichen inhaltlich und seiner frühen Vermittlung gegenüber Alternativargumente gibt (z.B. das progressive Hänschen−Argument und das entwicklungspädagogische Argument), dies aber je nach Problem unterschiedlich.

Sofern also themen− oder bereichsspezifisch keine progressiven Alternativargumente (z.B. gegen selbstverständliche Vermittlung von Geschlechtsrollen) angeführt werden können oder Kindheit und Entwicklung verletzenden Überanpassungen gefordert werden, keine langfristig sicheren Prägungen intendiert sind oder reflexiv konstituierte Phänomene vermittelt werden sollen, muß das klassische Hänschen−Argument gültig sein.

Seine regulative Funktion aber bleibt hinsichtlich der Verletzung von Kindheit epochal, themenspezifisch (z.B. Fernsehen) oder individuell (z.B. Behinderte) fragwürdig. Dies aber betrifft nicht das Argument als solches, sondern ist problemspezifisch zu diskutieren.

Wenn also das progressive Hänschen−*Argument Sinn nur in seiner didaktisch−erbaulichen Funktion macht, indem es zum Selbstverständlichwerden einer neuen Einsicht beiträgt und dann als klassisches Argument zur Veränderung früh zu vermittelnder Inhalte führt, damit aber die neue Zeittendenz verstärkt ohne die Inhalte (vor allem ihr reflexives Moment) wirklich sichern kann, wie muß dann seine regulative Funktion beurteilt werden?

Wenn für die Anführung progressiver Hänschen−*Argumente eine Intention, wahrgenommene Tendenzen einer unangepaßten und nichtfortschrittlichen Kindheit zu regulieren, angenommen werden kann, sollte sich das wahrgenommene Ungleichgewicht der regulativen Ideen verschieben in Richtung auf die notwendige (fortschrittliche) Erziehung und auf die Vollwertigkeit der Kinder als Repräsentanten der Zukunft[10].

Diese Intention ist aber nach dem bisher Gesagten entweder illusionär, weil die notwendige Reflexion nicht früh vermittelt werden kann, zumindest ist die langfristige Wirkung unsicher, oder diese "Pädagogik" ist unpädagogisch, wenn sie im Sinne klassischer Hänschen−Argumente eine progressive Zeittendenz nur verstärkt, die Kinder schon früh als zukünftige Erwachsene behandelt.

Es ist also zu klären, ob mit dem Hänschen−*Argument wirklich ein Ungleichgewicht regulativer Ideen pädagogisch reguliert werden kann, und, wenn dies der Fall ist, ob eine solche Regulation begrüßt werden kann.

Ohne Zweifel reguliert das Hänschen−*Argument bei Unerfahrenheit das pädagogische Bewußtsein. Mit plausiblen Gründen, aber ohne Diskussion von Alternativen verengt es den Spielraum auf nur eine mögliche Strategie. Dadurch greift es indirekt in seiner didaktisch−erbaulichen Funktion in die Praxis ein, indem es konforme Zeittendenzen unterstützt bzw. verstärkt. Direkt verändert es die Praxis durch die Vorgabe neuer Inhalte und Orientierungen der Vermittlung, auch wenn es diese keineswegs so fundiert und sicher wie intendiert. Auch wenn es also nicht in der Tiefe und langfristig praktisch verwirklicht werden kann, kann es doch oberflächlich thematisch Einstellungen und Verhalten regulieren, eine Art Pseudo−Anpassung an die progressive Welt (der Erwachsenen) erzeugen, die vor allem bedeutet, daß andere, praktisch erfolgende Leistungen nicht angesprochen, gefordert und gefördert werden.

Wird z.B. mit einem Hänschen−*Argument begründet, daß Kinder schon früh mit Computern und ihrer Arbeitsweise (Algorithmus) vertraut gemacht werden müssen[11], so werden keine Alternativen zur Entwicklung von Datenverarbeitungs−Kompetenzen überlegt, sondern die wachsende Computerumgebung von Kindern wird noch verstärkt und ein Pseudoumgang erzeugt, wobei die wirklichen Bedürfnisse, Interessen und Leistungen angesichts der Computer[12] wie auch traditioneller Themen weder wahrgenommen noch gefördert werden. Auf jeden Fall ist allein durch den neu besetzten Zeitaufwand quantitativ das Gewicht der regulativen Ideen verändert.

Dies ist auch der Fall, wenn wirkliches Verständnis, langfristige Neuorientierung und Veränderungen durch die Kinder gar nicht auftreten oder sogar Gegenwirkungen zu beobachten sind.

Ob allerdings diese Regulation zu begrüßen oder als defizitär zu beurteilen ist, kann uns hier nicht einfach wieder wie im Kp. 11, E in die Diskussion unterschiedlicher Pädagogiken führen. Gerade die argumentativ unvollständig ausgeführten und gestützten Intentionen von Tendenzregulierungen erlauben keine systematischen Einwände. Auch die Gründe für die Hänschen−*Argumente können so nicht erledigt werden. Aus demselben Grund kann auch nicht der Einzelfall diskutiert werden, sondern nur die allgemeine Tendenz. Gerade als allgemeine pädagogische Tendenz ist sie aber um so notwendiger zu diskutieren und dies kann nur im Hinblick auf ihre Veränderung der Gewichtung der regulativen Ideen geschehen.

Die Frage muß also lauten, wie ist eine Pädagogik zu beurteilen, die die regulative Idee der Kindheit für die progressive Zukunft ihrer Kinder vermeint vernachlässigen zu können? Wir können auch fragen, welche Bedeutung hat Kindheit für die progressive Zukunft und welche Bedeutung hat progressive Zukunft für Kindheit?

Die Bedeutung von Kindheit ist wohl eine zentrale Frage der Pädagogik, aber wie die neuere Diskussion um den historischen und gesellschaftlichen Rahmen dieses Konstrukts[13] zeigt, auch ein systematisch nicht eindeutig fixierbarer Grund−begriff[14]. Wie bei allen Grundbegriffen ist sein argumentatives Gewicht von epochalen und situativen Kontexten abhängig. Das macht sich auch in einer Diskussion von pädagogischen Tendenzen bemerkbar.

Wie lassen sich nun solche pädagogischen Tendenzen erfassen? Wie läßt sich in unserem Fall ein Kriterium dafür finden, ob die regulative Idee von Kindheit tendenziell gegenüber den beiden anderen regulativen Ideen unzulässig überwertet oder sträflich vernachlässigt wird, um dann zu beurteilen, ob die regulative Intention von Hänschen−*Argumenten zu begrüßen ist.

Aus der regulativen Idee Kindheit lassen sich immer dann pädagogische Argumente herleiten, wenn

− zunehmend als defizitär beurteilte Symptome einer gestörten Kindheit beobachtet werden,

− angenommen wird, daß eine defizitäre Kindheit defizitäre Erwachsenheit nach sich zieht,

− Kindheit als eigenständige Lebensspanne gilt,

− bei Erwachsenen die eigene erinnerte Kindheit ein Lebensthema bleibt,

− eine entwickelte Kindheit als Erfahrungsmodus für bestimmte Erwachsenenbereiche (z.B. Glauben) als wichtig angesehen wird.[15]

Systematische Voraussetzung dafür wie auch für die Suche nach Kriterien für Defizit–Tendenzen ist allerdings, daß Kindheit eine regulative Idee des Pädagogischen ist.

Als regulative Idee beinhaltet Kindheit, daß Kinder keine Erwachsenen sind und notwendigerweise ihnen pädagogisch auch nicht wie Erwachsenen begegnet werden dürfe. Als unbestimmte Idee erlaubt sie zwar Veränderungen ihrer Begründungen und positiven Bestimmung (worin unterscheiden sich Kinder von Erwachsenen) und unterschiedliche pädagogische Ausgestaltungen dieses Unterschiedes, aber sie besteht auf beidem für alle pädagogischen Konstellationen.

Verändern sich nun die Bedingungen für eine bestimmte Kindheit, der Umgang mit Kindern und ihre Reaktionen auf beides, verlangt Kindheit als regulative Idee keineswegs die Wiederherstellung *dieser* Kindheit. Sie muß aber widersprechen, wenn sie selbst mit den Veränderungen auch als Fiktion erklärt oder ihr Verschwinden, wenn auch mit Bedauern, postuliert wird.

Sie verlangt vielmehr, Begründungen für die pädagogische Bedeutung und die inhaltliche Bestimmung von Kindheit neu zu fassen und pädagogisch zur Geltung zu bringen.

Obwohl es methodologisch schwierig ist, Veränderungen von Kindern im langfristigen Vergleich eindeutig nachzuweisen[16], kann kein Zweifel darüber bestehen, daß sich die Bedingungen für eine bestimmte Form von Kindheit drastisch im 20. Jahrhundert verändert haben.

Spätestens ab den 50er Jahren werden in der pädagogischen Literatur[17] pädagogische Gefährdungen von Kindheit behauptet und mit Plädoyers für ihre Wiederherstellung beantwortet. Und ohne Zweifel verschärfen sich die Veränderungen dieser Bedingungen in der Gegenwart und absehbaren Zukunft.

Zu diesen Bedingungen gehören aber auch die pädagogischen Interpretationen dieser Veränderungen, pädagogische Programme und Argumente, sofern sie Kindheit nicht berücksichtigen, ihr bewußt entgegentreten oder nur relativistisch Genüge tun.

Dazu gehören insbesondere auch progressive Hänschen–*Argumente. Wie auch immer nun die tatsächliche Verarbeitungskraft von Kindern angesichts veränderter Lebensbedingungen[18] ist, welcher Spielraum auch immer für Anpassungsleistungen zur Verfügung steht, welche Reaktionserscheinungen als Defizite oder notwendige Leistungen beurteilt werden, welche verhinderten Entwicklungschancen eingeklagt werden und welche Selektionen in Kauf genommen oder riskiert werden, die regulative Idee der Kindheit verlangt weder Wiederherstellung noch Aufgabe von Kindheit, sondern im Fall einer derartigen Tendenzwahrnehmung eine *Neubegründung* und *Neubestimmung* von Kindheit.

Hänschen—*Argumente regulieren also falsch, pädagogisch unerfahren, weil sie die Idee der Kindheit nicht nur praktisch vernachlässigen, sondern ihr Gewicht dadurch indirekt stärken, daß sie es theoretisch übersehen.

Eine pädagogisch erfahrene Regulierung der beobachteten Tendenzen hätte statt dessen aufgrund anderer Alternativen zu erfolgen. Nicht zwischen unangepaßtem, zukunftsgefährdendem Mangel an früher Vermittlung und neuer Hänschen—*Pädagogik, sondern angesichts der neuen Bedingungen und Forderungen zwischen neubegründeter und neubestimmter Kindheit und dem Hänschen—*Argument.

Für eine Neubegründung und Neubestimmung sind dann allerdings auch andere Argumente zu rekonstruieren und gegebenenfalls auch neu zu entfalten, wie vielleicht das entwicklungspädagogische Argument, das hier nicht unser Gegenstand ist.

13. Erziehungswissenschaftliches Argument

Abschließend lassen sich Diskussion und Evaluation des klassischen und progressiven Hänschen—Arguments selbst als ein Argument darstellen. In dieser Form wird noch einmal erkennbar, welche allgemeinen Anforderungen an pädagogische Argumente gestellt werden. Anschließen lassen sich daran die Beschreibung des Geltungsbereichs bei positivem Schluß, der Fehler bei negativem. Erörtert werden soll auch, was pädagogisch "progressiv" ist und wie Notwendigkeitsargumenten vor allem der dringlichsten Art (Katastrophenargument, Argument der Unausweichlichkeit) erziehungswissenschaftlich zu begegnen ist. Ein Problem, das J. Oelkers als Dilemma beschreibt:

"Eine solche skeptische Analyse allein aber ist nicht hinreichend, denn man würde in eine moralische Falle rennen, die bislang noch keiner pädagogischen Argumentation zur Verfügung stand. Wenn die Zukunft der Menschheit auf dem Spiel steht, sind skeptische Relativierungen dann unangebracht, wenn man selbst nichts Besseres vorweisen kann, zu ihrer Rettung beizutragen." und "Die Welt wird nicht durch neue Schulen gerettet, so wichtig diese bei der Lösung bestimmter Probleme auch sein mögen. Aber die neue Moral verlangt, daß sich auch die Erziehung auf die Weltprobleme einstellt, denn wer nichts zur Verhinderung der Katastrophe tut, trägt bereits damit zu ihrer Beförderung bei."[1]

Das erziehungswissenschaftliche Argument zum progressiven Hänschen−Argument läßt sich so darstellen:

1. Erziehungswissenschaftlich gültige oder akzeptable Argumente sind entweder vollständig (ABCDE−Schema) rekonstruierbar, einschließlich Stützungen, Entkräften von Gegen− und Alternativargumenten
   oder
   verletzen als unvollständige *Argumente nicht entscheidende, regulative Ideen des Pädagogischen

2. Das progressive Hänschen−Argument
   − läßt sich wegen pädagogischer Unerfahrenheit nicht vollständig abbilden,
   − Gegen− und Alternativargumente können nicht entkräftet,
   − Stützungen nicht ausreichend geliefert,
   − nur Ausnahmeklauseln in Anspruch genommen werden.

   Als unvollständiges, regulatives *Argument verletzt es die regulative Idee der Kindheit, welches zu berücksichtigen pädagogische Erfahrung ausmacht.

3. Es sei denn, als regulatives *Argument trägt es zur außerpädagogischen Durchsetzung von Progressivem bei und wird im Zuge der gesellschaftlichen Veränderung zum klassischen Argument und gibt die Intention langfristiger Sicherung und der Vermittlung reflexiver Konstituierung auf.

4. Schluß: Das progressive Hänschen−Argument ist erziehungswissenschaftlich weder gültig noch akzeptabel.

Mit den Ausnahmeklauseln wird der Geltungsbereich eines Arguments abgesteckt. Das progressive Hänschen−*Argument erscheint akzeptabel, wo Progressives in "progressiven" Enklaven (z.B. Kibbutz), im fernen Ausland oder anderen unerfahrbaren Utopien vermittelt sein soll oder vorreflexive Einstellungen, Verarbeitungsformen, Wissensbestände betroffen sind. Dort werden sie aber sozusagen von außen betrachtet, wenn sie als Belege für nicht−progressive Umgebungen angeführt werden. Auf ihre unmittelbare Umwelt aber bezogen sind sie klassische Hänschen−Argumente und diese Verwendung stellt einen Kategorienfehler dar, dem aber eine didaktische Funktion nicht abgesprochen werden kann.

Als weitere Fehler dieses *Arguments sind pädagogische Zirkelschlüsse (self−fullfilling prophecies), argumentum ad futurum mundi und ad contradictoriam propositionem möglich.

Obwohl die didaktische Verwendung des Arguments den Gang der Erfahrung und Argumentation als falsche These im Sinne einer dialektischen Entwicklung voranbringen mag, ist sie pädagogisch nicht progressiv, weil sie zugleich argumentativ auch den Weg zu Alternativen verstellt. Darüber hinaus sichert sie keineswegs das Progressive, sondern kann es durch die reflexiv ungesicherte und erfahrungsmäßig oberflächliche Vermittlung gefährden. Zwar werden neue Inhalte, Orientierungen, Formen der Vermittlung als notwendige thematisiert, aber nur als dann pädagogisch ganz anders zu lösende Aufgaben.

Pädagogisch progressiv kann nur das genannt werden, was mit der Notwendigkeit progressiver (erwachsener) Zumutungen zugleich auch Kindheit sichert. Das hat zu seiner Zeit J.J. Rousseau in seinem Emile versucht, wenn auch in einem utopischen Modell. Pädagogisch progressiv können daher auch weder sein Modell noch spätere entwicklungspädagogische Modelle für heute notwendige Erziehungen Alternativargumente zum progressiven Hänschen−*Argument abgeben.

Die prinzipielle pädagogische Unerfahrenheit angesichts progressiver Themen muß die moralische Unsicherheit der Pädagogik noch steigern, wenn die Zukunft nicht nur neu gestaltet werden muß, sondern das zukünftige Überleben selbst auf dem Spiel steht. Dem Katastrophenargument scheint sie daher ausgeliefert, obwohl der Erhalt von Zukunft sicher auch zu den pädagogisch vermittelbaren Inhalten gehört, die erst spät[2] oder von den Erwachsenen selbst[3] zu bewältigen sind. Aber wie nun genau läßt sich die Verantwortung der Pädagogik für die Zukunft, insbesondere wenn ihr Katastrophen drohen, argumentativ verwenden?

Muß sie diese Verantwortung grundsätzlich abwehren? "Die Idee eines nicht− hierarchischen Ordnungszusammenhangs der menschlichen Gesamtpraxis distanziert sich von jeder Praxisordnung, welche Arbeit, Pädagogik, Ethik, Politik, Kunst und Religion in ein hierarchisches Verhältnis zueinander setzt und eine dieser Praxisformen oder eine Gruppe von ihnen den Primat gegenüber den anderen zuerkennt. Sie untersagt zugleich, der neuzeitlichen Wissenschaft die höchste Rationalitätsstufe zuzuerkennen und der menschlichen Praxis, womöglich der Politik als höchster Spitze, die Aufgabe zuzuweisen, für den wissenschaftlich−zivilisatorischen Fortschritt die letzte Verantwortung zu übernehmen."[4]

Oder sind die Pädagogen persönlich, wenigstens die mit christlichem Ethos, als pädagogische Vorbilder, also auch um der Belehrung willen, zu demonstrativen Handlungen und Haltungen verpflichtet?

"Wir sagen, und sagen es im Geiste des Evangeliums, daß die Produktion und der Verkauf von Waffen Beihilfe zum Mord ist. Wir gehen gegen Mörder und ihre Zulieferer vor, wo immer wir können. Wir tun es friedlich. Wir stellen uns ins

Schußfeld, setzen uns auf die Gleise ihrer Transportzüge, vor die Tore ihrer Fabriken. Wenn sie zuschlagen, wollen wir "auch die andere Backe hinhalten" und den Kindern zeigen, wie schwer und wie notwendig es ist, solchen Schmerz und solches Unrecht auszuhalten. Denn wir nehmen kein Gewehr mehr in die Hand. Wir verteidigen uns nicht. Wir haben keine Feinde. Wir lieben die Menschen in Amerika, in der DDR und in der Sowjetunion. Unsere Kinder lernen, daß wir die Bundeswehr nicht brauchen, weil niemand uns angreift. Niemand greift seinen Freund an. Die Menschen in Amerika, in der DDR und in der Sowjetunion werden uns, ihre Freunde, nicht angreifen."[5]

Und müssen die drohenden Katastrophen und die Aufgaben ihrer Bewältigung auch so früh wie möglich vermittelt werden? Zunächst wird man für die pädagogische Verantwortung der Zukunft gegenüber unterscheiden müssen zwischen

1. der pädagogischen Verantwortung für die Welt und ihre Zukunft als solche, in der Kinder geboren, aufwachsen, sich entwickeln und ihren Lebenssinn realisieren können. Die Pädagogik trägt also Mitverantwortung für den jetzigen und zukünftigen Zustand der Welt als "Erziehungshaus des Menschen"[6] und

2. der pädagogischen Verantwortung für die unmittelbare Vermittlung von Umwelt, Erziehung, Unterricht und Bildung dergestalt, daß auch die heranwachsenden Generationen Leben und seine pädagogischen Möglichkeiten erhalten.

Unter dem Eindruck von Katastrophenargumenten kann man pädagogisch nun nicht nur dazu tendieren, alle pädagogisch orientierte Politik als Bildungspolitik[7] zu fordern, sondern auch den entscheidenden Beitrag der Pädagogik zur Bildungspolitik in der politischen Bildung zu sehen und alle, auch die frühe Bildung unter den Primat der politischen Bildung zu stellen:

"Wir werden Kinder nicht über Zukunft belehren, sondern selbst mit einer besseren Zukunft beginnen – und unsere Kinder an unseren Versuchen, Kämpfen, Hoffnungen und Niederlagen teilhaben lassen. Unsere Pädagogik muß die gemeinsame Einübung in eine entschiedene, wahrhafte, christliche Politik sein. Wir werden Einsichten, die in unseren Hinterköpfen stecken, in Handeln umsetzen. Wir werden dabei auch Risiken und Kampf nicht scheuen." "Unser Lernen wird den Kindern zu einer lebenswichtigen Belehrung."[8]

Wie wir wissen, führt eine drohende Katastrophe im Extrem zur unmittelbaren politischen Beteiligung von Kindern und wird so zur Grenze aller Pädagogik. Im Kontinuum pädagogischer Möglichkeiten stellt bei weniger unmittelbarer Bedrohung das andere Extrem die von jeder möglichen Katastrophe unbeeindruckte Pädagogik dar.

Je nach Einschätzung der Unmittelbarkeit der Gefahr muß also eine mittlere Position (von mehreren) der psychischen Einstimmung auf die Katastrophe, der vermittelten Teilhabe an Ängsten und Gegenaktivitäten als adäquate oder nicht adäquate pädagogische Antwort eingeschätzt werden.

Für diese Position spricht die unmittelbare Notwendigkeit der Gefahrenabwehr und ihre möglichst frühe Verankerung in den Individuen, gegen diese Position sprechen alle Gegen— und Alternativargumente zum progressiven Hänschen—Argument, speziell die Auswirkungen der psychischen Vorwegnahme der Katastrophe auf die Entwicklung der zur Bewältigung notwendigen Kräfte und Qualifikationen.

Im Zweifel über die zur Verfügung stehenden Fristen muß daher diese Position immer als die schlechtere Antwort gelten gegenüber einer anderen mittleren Position, die einer Katastrophen wie allen bedrohlichen zukünftigen Veränderungen antwortenden, alle Gegenkräfte stärkenden Entwicklungspädagogik.

Hierfür politisch den Raum zu schaffen und eine solche Entwicklungspädagogik neu zu begründen, in der Verbindung beider Aktivitäten liegt die den Möglichkeiten und Pflichten der Pädagogik angemessene Antwort auf das Katastrophenargument.

Das erziehungswissenschaftliche Argument zum klassischen Hänschen—Argument läßt sich so darstellen:

1. Erziehungswissenschaftlich gültige oder akzeptable Argumente sind entweder
    vollständig (ABCDE—Schema) rekonstruierbar, einschließlich Stützungen, Entkräften von Gegen— und Alternativargumenten
  oder
    verletzen als unvollständige *Argumente nicht entscheidende, regulative Ideen des Pädagogischen.

2. Das klassische Hänschen—Argument läßt sich vollständig rekonstruieren und aus der pädagogischen Erfahrung stützen. Gegen— und Alternativargumente lassen sich entkräften.

3. Es sei denn, unrevidierbare Wirkungen werden erwartet, reflexiv konstituierte Phänomene sollen vermittelt, Kindheit verletzende Anpassungen erzwungen oder notwendige Erziehungen verhindert werden.

4. Schluß: Das klassische Hänschen—Argument ist erziehungswissenschaftlich gültig.

Da das klassische Hänschen-Argument grundsätzlich gültig ist, müssen alle speziellen Inhalte mit Bezug auf die Vorbehaltsklauseln analysiert, diskutiert und geprüft werden.

Im Hinblick auf das Katastrophen-Argument bleibt zu bemerken, daß dieses heute bei uns durch seine öffentliche Verbreitung und Zugängigkeit für Kinder schon zum Selbstverständlichen gerechnet werden kann und so auch Inhalt des klassischen Arguments sein kann, wie alle öffentlichen Antizipationen von Zukünften durch Erwachsene Teil der kindlichen informativen Umwelt geworden sind. Deshalb gilt auch für sie eine typische Schwäche des klassischen Hänschen-Arguments: In einer selbstverständlichen Umwelt werden durch die frühe Pädagogisierung des Selbstverständlichen neben Teilhabe, Gewöhnung und Einübung auch Gewalt und Zwang des Faktischen verdoppelt.

Die *pädagogische* Begründung orientiert sich aber immer am Kontrafaktischen und Ursprünglichen[9] und das ist in einer Umwelt der Hänschen-Argumente das von Erwachsenenansprüchen geschützte Kind und seine freie Entwicklung.

Auch für das klassische Hänschen-Argument ist also zu diskutieren, ob sein Inhalt nicht die kindliche Entwicklung, so früh wie möglich, zu sein hat. Dazu muß aber erst ein entwicklungspädagogisches Argument für die Moderne und seine Zukunft neu begründet werden, was nicht mehr Gegenstand dieser Darstellung ist.

ANMERKUNGEN

Vorwort

1. Viehweg 1974
2. Paschen 1979
3. Paschen 1979. Kp. 9.2: Kritische Argumentation
4. Scheuerl 1979, Fitzgibbons 1981, Burow 1978
5. "Nach dieser Auffassung konstituiert sich Erziehung in Diskursen und in ihnen in unterschiedlicher Weise." Wulf 1986, 31 (vgl. dazu auch Paschen 1969 und die ausgezeichnete Darstellung Tenorth 1987)

1. Kapitel

1. Auf die sich Dräger 1976 in seinen Überlegungen zur Schulpädagogik aus der Sicht der Erwachsenenpädagogik bezieht mit dem Schluß: "Hänschen lernt *für* Hans, wenn er lernt *wie* Hans." (72)
2. Blättner 1959
3. Aristoteles 1965, 5
4. Fénelon 1956, 15
5. Dinter 1889, 49
6. Cube 1986, 199
7. Chrysostomos 1969, 12
8. Francke 1964, 17
9. Diesterweg 1956, 336
10. Oest 1979, 75
11. Salzmann 1875, 97
12. Pestalozzi 1979, 18 f.
13. Campe 1969, 15
14. Basedow, 1965, 54
15. Quintilian 1971, 45
16. Pestalozzi 1979, 19
17. Diesterweg 1956, 337
18. Oest 1787, 147
19. Campe 1969, 16
20. Chrysostomos 1968, 12
21. Quintilian 1971, 45
22. Francke 1964, 17
23. Chrysostomos 1968, 9
24. Basedow 1965, 12
25. Diesterweg 1956, 336
26. Oest 1787, 27

27. Dinter 1889, 49
28. Campe 1969, 15
29. Basedow 1965, 36 f.
30. Quintilian 1971, 46
31. Francke 1964, 17/18
32. Schellens 1985, 168 ff. Die zitierte Liste ist von Braet, ibid. 169 (Übersetzung: H.P.)

2. Kapitel

1. Im folgenden orientiere ich mich an der Darstellung von Ritter 1972. Materialreich auch die Darstellung von Pot 1985
2. Aristoteles Pol. 1268b und 27 und 39, zitiert nach Ritter 1972, 1034
3. T. Lucretius Carus: De rerum natura V, 925–1160, zitiert nach Ritter 1972, 1034
4. Habermas 1981. Theologisch auch schon bei Augustin: De civitas dei X, 14 (nach Ritter 1972)
5. Ritter 1972, 1040
6. Condorcet: Esquisse d'un tableau hist. des progrés de l'esprit humain, zitiert nach Ritter 1972, 1046
7. Oelkers 1983a

3. Kapitel

1. J. Piaget hat hierfür mehr als alle anderen eine Fülle von Beispielen dargestellt.
2. Pausewang 1983
3. Röhrs 1984
4. Mietz 1986
5. ibid., 48
6. Toulmin 1975, 93
7. Mietz 1986, 14
8. Röhrs 1984, 53
9. Alle Zitatquellen geben nur den Fundort, nicht immer auch die Meinung des Autors wieder.
10. Heinsohn 1974, Dennerlein 1973, 201
11. Bigalke 1968, 58
12. Caldwell 1981, 56
13. Arbeitsgruppe Vorschulerziehung 1973, 11
14. Dennerlein 1973, 132
15. Werder 1972, 24
16. Weber 1979, 111

17. Arbeitsgruppe Vorschulerziehung 1978, 202
18. Röhrs 1984, 53
19. G. Behrens: Die Kinder vom Haselbergl, 1975; zitiert nach Arbeitsgruppe Vorschulerziehung 1978, 143; und Creutz 1977, 33
20. Hielscher 1974, 12
21. Weizenbaum 1977
22. Arbeitsgruppe Vorschulerziehung 1978, 135
23. Peccei 1983, 32
24. Bigalke 1968, 59
25. Vgl. Meyer 1968
26. Z.B. haben wir keine Stützungen für das Argument der Unausweichlichkeit (der Computerentwicklung) gefunden, obwohl dieses Argument sehr häufig verwendet wird. Vgl. Klein 1985

4. Kapitel

1. Pöggeler 1969
2. Vgl. Wulf 1985
3. Vgl. Paschen 1979, 12 f.
4. Klein 1985
5. Papert 1985
6. Hiller 1973, 207
7. Bigalke 1968, 60
8. Zum Terminus vgl. Bernstein 1972
9. Vgl. Paschen 1982
10. Herbart 1913
11. Bednarik 1966
12. Hetzer 1968, 197
13. ibid.
14. Fettermann 1981, 27
15. Herrmann 1972, 146
16. Correll 1971, 11
17. ibid.
18. Rawitsch 1981, 453
19. Weber 1979, 263
20. Correll 1971, 16

5. Kapitel

1. Vgl. hierzu H. Paschen 1979, 107
2. Segal 1965, 3 ff.

3. Makarenkos Begründungen sind nur auf die Kollektiverziehung bei Jugendlichen bezogen. Für seine Vorstellung eines Familienkollektivs, die er als Erzählung vorlegt (Makarenko 1972), gibt es daher nur Analogbegründungen bzw. ästhetische Stützungen. Vgl. hierzu Kp. 9
4. Vgl. z.B. Schoele 1978
5. Vgl. Schwenk 1983, 392
6. Protokolle Schülerladen — Theoriediskussion. Psychologisches Institut der FU Berlin 1969/70, 81; zitiert nach Benedix, 82
7. Farson 1975, 27
8. Dewey 1949
9. Segal 1965, 4

6. Kapitel

1. Zur Kritik vgl. Wulf 1985
2. Zu unterschiedlichen Vorstellungen des Fortschritts vgl. Kp. 2
3. z.B. wie bei K. Pranges (1985) Kritik an der "Erziehung zur Anthroposophie"
4. Bott 1970, 20 und Arbeitsgruppe Vorschulerziehung: Anregungen III: Didaktische Einheiten im Kindergarten. München 1976, 15 (zitiert nach Arbeitsgruppe Vorschulerziehung 1978, 25)
5. Deutscher Bildungsrat 1973, 33
6. Karl Marx, zitiert nach Werder 1972, 61 [MEW 16, 193 ff.]

7. Kapitel

1. "An *argument* is a structured collection of propositions, one of which is the conclusion and the others the premises." Lambert 1980, 45. Vgl. auch Barry 1984, 105
2. z.B. Thiel 1980, 161
3. Savigny 1976, 31
4. Vgl. Toulmin 1975
5. Vgl. hierzu Paschen 1979, 22 ff.
6. Toulmin 1975 unterscheidet Daten, Feststellungen, Rechtfertigungen, Begründungen
7. Grewendorf 1975, 18 unterscheidet für germanistische Argumentationen: Verstehensargumente, psychologisch/biografische, ästhetische, poetologische, lexikalische, textkritische, interpretationstheoretische, historische, literaturhistorische Argumente
8. Grewendorf 1975, 18
9. Vgl. Savigny 1976a
10. Prange 1983, 7

11. ibid., 8
12. Vgl. hierzu Comenius' Begründung: "Aber weil unser Wunsch so schön ist ,..." Comenius 1960, 11
13. Unter Topen versteht man sowohl Kategorien, Argumente, festliegende Sprachverwendungen, Themen der Kommunikation, unter Topik ein Beschreibungsmodell von Argumentation: vgl. Struck 1977, 58 ff.
14. Zur Diskussion des professionellen Handelns in der Pädagogik vgl. Olk 1986 und Drerup 1987
15. Burow 1978, 29
16. Dollase 1984
17. Hierher gehören die Probleme pädagogischer Anlässe (Erziehungsbedürftigkeit oder Defizit) vgl. Paschen 1979, 22
18. "..., dann kann es auch keinen völligen Neubeginn geben, denn der setzt voraus, daß die Wirkungen der bestehenden Gesellschaft ausgeschaltet werden können." Oelkers 1983, 23
19. Papert 1985, 182 beruft sich einerseits auf Piaget, nach dem diese Eignung sicher nicht gegeben ist, behauptet aber diese Eignung, indem er Piaget als Lerntheorie versteht und die Entwicklungstheorie korrigiert.
20. Eignung gegen den Augenschein wird z.B. in der anthroposophischen Heilpädagogik behauptet, wenn der "Geist" des behinderten Kindes als unzerstört angesprochen wird. Vgl. Klimm 1974, 19

8. Kapitel

1. Kindt, Habil—Vortrag Universität Bielefeld WS 1985/6
2. Schellens 1985, 168 ff.
3. Vgl. hierzu Paschen 1979, 80. Aus der ethischen Verbindlichkeit einer Moral folgt nicht schon ihre pädagogische Verbindlichkeit.
4. Vgl. zur systematischen Unterscheidung Paschen 1979, 41 ff.
5. So urteilt z.B. J. Oelkers im Hinblick auf die Voraussetzung im pädagogischen Programm des Club of Rome, Oelkers 1983
6. Solche Topenkataloge haben z.B. für das Lebenscurriculum Loch 1979, für die Didaktik Künzli 1987 entworfen. Vgl. für die Erziehungswissenschaft Herbarts Blass 1972 und juristisch Struck 1977
7. Vgl. zu diesem Phänomen pädagogischer Theorien Paschen 1979, 67 ff.
8. Peccei 1983
9. Oelkers 1983

9. Kapitel

1. Vgl. Toulmin 1975

2. Wirkungen durch Information müssen grundsätzlich von kausalen Erklärungen unterschieden werden. Vgl. Cherry 1963
3. Vgl. Paschen 1981, 30
4. Oest 1787, 13
5. Salzmann 1875, 69
6. Vgl. Künzli 1987a, auch Dewey 1949
7. Campe 1969, 16/17
8. Campe 1969, 14
9. Fénelon 1956, 9
10. Diesterweg 1956, 338
11. Francke 1964, 24
12. Diesterweg 1956, 338
13. Oest 1787, 8
14. Fénelon 1956, 16
15. Salzmann 1875, 51
16. Oest 1787, 14
17. Oest 1787, 128
18. Hentig 1982
19. Salzmann 1875, 62
20. Francke 1964, 18
21. Francke 1964, 24
22. Salzmann 1875, 56
23. Auch z.B. bei Korczak 1972, Hentig 1985, Bambach 1984, viele Beispiele auch bei Piaget, Wagenschein und häufig bei Amerikanern, z.B. Leonhard 1968
24. Beispiel Korczak 1972, 47/8; was zumindest nicht alle deutschen Leser merken
25. Als ein gerade wegen des Zweifels an der Theorie interessantes Beispiel Heuer 1976
26. Chrysostomos 1968, 13
27. ibid., 12. Vgl. dort auch die Metapher der Perlenbehandlung und der Stadt
28. Basedow 1965, 54
29. Diesterweg 1956, 337. Vgl. auch: "Und so wie ein schmerzhafter Nerv seinen Einfluß auf den ganzen Menschen hat, so hat auch dieses Übel seinen Einfluß auf die ganze Lebensart und Glückseligkeit des Menschen." Salzmann 1964, 59
30. Makarenko 1972, 18
31. Vgl. als letzter: Künzli 1985
32. Makarenko 1972, 18
33. Vgl. Langer 1965, der diskursive und repräsentative Darstellungen und Denkinhalte unterscheidet
34. Fénelon 1956, 9

35. ibid. 16
36. Cube 1986, 200
37. Rolff 1984, 135
38. Bertram 1979, 539
39. Francke 1964, 13
40. ibid., 25
41. Makarenko 1972, 35
42. ibid., 31
43. Rochow 1962, 6
44. Fénelon 1956, 16
45. Francke 1964, 18
46. Pestalozzi 1945, 19
47. Diesterweg 1956, 337
48. ibid., 339
49. Aristoteles: Eth. Nic. 1180 a 14, zitiert nach Aristoteles 1965, 6
50. ibid., 7
51. Salzmann 1875, 51
52. ibid., 54
53. Diesterweg 1956, 336
54. Salzmann 1875, 64
55. Aristoteles, Pol. 1336 b 23, zitiert nach Aristoteles 1965, 31
56. Basedow 1965, 26. Vgl. auch: "Die traurigen Wirkungen von dieser mangelhaften Erziehung [Gesundheit] sind allenthalben sichtbar." Salzmann 1875, 50
57. Bronfenbrenner 1976, 17

10. Kapitel

1. Vgl. Paschen 1986
2. Vgl. zur Diskussion der Thesen N. Postmans Ewert 1986
3. Quintilian 1971, 46
4. Papert 1985
5. "Aus mancher Sekundärliteratur konnte man den Eindruck gewinnen, die Psychologie hätte inzwischen das alte Sprichwort, wonach Hans nicht mehr lernt, was Hänschen nicht gelernt hat, uneingeschränkt bestätigt. Dabei zeigt sich bereits bald nach Erscheinen des Buches von Bloom (1971), daß die methodischen Grundlagen seiner Entwicklungskurven unhaltbar waren." Weinert 1986, 224
6. Zum Begriff und zur Funktion des Fokus vgl. Paschen 1979, 30
7. Paschen 1986, 174
8. Vgl. hierzu Paschen 1979, 67 ff.
9. Francke 1964, 17/18
10. Quintilian 1971, 46

11. Francke 1964, 18
12. Fénelon 1956, 17
13. Salzmann 1875, 61
14. Rolff 1984, 135
15. Quintilian 1971, 46
16. Vgl. Benne 1967
17. Wask 1986, 67
18. Hierzu gehören z.B. Bruner 1974, Furth 1974, Lima 1983 und die Waldorfpädagogik.
19. Paperts "Neuinterpretation Piagets: "Der Piaget der Phasentheorie ist im wesentlichen konservativ, fast reaktionär, wenn er hervorhebt, was Kinder nicht tun können. Ich versuche, einen eher revolutionären Piaget zu enthüllen, dessen erkenntnistheoretische Ideen die heute bekannten Grenzen des menschlichen Geistes ausdehnen könnten." Papert 1985, 164
20. Vgl. Klein 1985

11. Kapitel

1. Zum Verfahren der Analyse und Prüfung einer konkreten Argumentation vgl. Wigger 1988
2. Vgl. Oelkers 1983, Prange 1983
3. Vgl. Peccei 1983
4. Vgl. Segal 1965
5. Vgl. Fauser 1983
6. Eine solche "Beweisführung" kann so logisch nicht eindeutig geführt werden, da für eine Folgerung ad contradictoriam propositionem, die probatio per impossibile oder den apagogischen Beweis meist das tertium non datur gilt bzw. ein unerlaubter Oberbegriff, ein processus illicitus vorliegt. (Vgl. zu den Begriffen Ziehen 1920)
7. Vgl. allgemein zu Reaktanz Gniech 1984 und Brehm 1981. Reaktanz bei Kindern Brehm 1981 Kp.: Oppositional behavior in children: A reactance theory approach. In der pädagogischen Literatur ist Widerstand sehr unterschiedlich erfaßt und beurteilt worden: als gelungene Erziehung (Rousseau 1981, 175), als Fähigkeit zum Widerstand (Mollenhauer 1967, 277, 281), als klassenorientierte Gegenkultur von Schülern (Willis 1977) und als allgemeine Schulkritik (z.B. Anyon 1981, McNeil 1981, Denscombe 1985), deren Erscheinungen nur spekulativ mit zu frühen, zu einseitigen und zu rigiden Pädagogisierungen in Verbindung gebracht werden können.
8. Zu einem Urteil über geringe langfristige Wirkungen vgl. Rohwer 1971, 317: "...; in particular it has not been established that early childhood is the optimal age range for imposing the academic content traditionally required. In addition, early childhood or early elementary school programs may have a

slight, or even negative, effect on the attainment of educational goals."
Spekulativer sind Vermutungen anderer Art, z.B. Kupffer 1976, 136: "Werden bereits kleine Kinder durch Fremdbestimmung einseitig und ausschließlich auf Leistung und Erfolg hin geprägt, so ist das nicht nur eine Überforderung und Entrechtung des Individuums, sondern das Rechtsbewußtsein insgesamt erleidet eine Einbuße." Heinsohn 1974, 118: "Die Kinder werden sich dieser Hektik durch Flucht aus der Sozialisation in die Resozialisation entziehen, denn ihnen ist es gleichgültig, wie das Kapital zu seinen Begabungsreserven kommt und die Familien sich vor sozialer Deklassierung schützen. Die ihnen gebotene (Sozialisations−)Realität gibt allen Grund zu Rebellion, zur Abwendung in die Neurose oder zur Halluzination einer befriedigenderen in der Psychose."

9. Vgl. Czwalina 1968
10. Ein vieluntersuchtes Beispiel ist die soziokulturell geprägte restringierte oder elaborierte Sprachverwendung, vgl. Bernstein 1972a
11. So, wenn nach amerikanischen Untersuchungen, ab 3 Jahren (bis 13. Jahr) die Grundlagen der politischen Haltung bei allen Kindern gelegt ist. Nyssen 1970, 21
12. Vgl. Oelkers (1983) gegen Nichtisolierbarkeit gegen traditionelle Einflüsse
13. Piaget 1971 beschreibt als erstes Raumverständnis topologisches Denken, während es als mathematische Topologie erst spät entwickelt wurde.
14. Vgl. Abschnitt E
15. Vgl. Fauser 1983
16. Dollase 1985, 27
17. Bei der umfangreichen Diskussion um derartige Altersangaben und ihre sehr diffizilen Voraussetzungen kommt es hier nur darauf an, daß diese Kompetenzen auf jeden Fall nicht für die frühe Kindheit angenommen werden. Kagan 1987, 320 geht bei aller Piaget−Kritik doch noch vom Fehlen der allgemeinen Kompetenzen aus, das frühere Leistungen nur als spezifische Kompetenz erklärt.
18. Makarenko 1972
19. Im ganzen ergeben sich im Vergleich zu Stadtkindern keine oder geringe Unterschiede, bei 3jährigen schlechtere kognitive Leistungen, aber größere Unabhängigkeit und Selbstvertrauen (Levi−Shiff 1983), bei 8−9jährigen (Fuchs 1986) und 15−26jährigen (Kohlberg 1985) wenig Unterschiede im moralischen Urteil.
20. Langfristig scheinen sich keine signifikanten Vorteile zu ergeben, wohl aber unmittelbare und solche für eine gradlinigere Schullaufbahn (Royce 1983, Schweinhart 1986).
21. Auch wenn die Kritiker (z.B. Brezinka 1974, Eisermann 1972, Witschel 1973, Zeidler 1925) über keine soliden Daten für ihre begründeten Prognosen

verfügen, scheint heute sowohl theoretisch wie praktisch keiner mehr für diese Pädagogik einzutreten.
22. Der Nachweis wichtiger Vorteile scheint bisher nicht gelungen zu sein (Feitelson 1982)
23. Die Anwendungen von LOGO weichen ab von Paperts Theorie, vgl. Freitag 1988
24. Vgl. Peccei 1983
25. Röhrs 1984
26. Vorschulkinder können z.b. die sozial aufklärerischen Intentionen von Fernsehserien für sie (wie Rappelkiste) nicht verstehen, wie G. Kolbe u.a. mir in einer Untersuchung zeigen konnten. (Unveröffentlichtes Manuskript PH Kiel 1976)
27. Vgl. Tausch 1975. Ein Kollege berichtete mir, daß bei einem Spiel alle Kinder zwar perfekte Helfer waren, aber einem dazukommenden Kind nicht "helfen" wollten mitzuspielen.
28. z.B. Rolff 1985
29. Vgl. die Kritik am "Verschwinden" der Kindheit bei Ewert 1986. Vgl. auch die kindlichen Verständnisse von Computern bei Turkle 1984
30. Vgl. Paschen 1986
31. Vgl. Dollase 1986, Hörmann 1986, Kliewer 1986
32. Als Erfahrungspädagogik bezeichne ich diejenigen Pädagogiken, die die Teilhabe an der aktuellen Umwelt der Erwachsenen so früh wie möglich zum Programm haben. Hierfür steht z.B. Dewey 1949a oder als praktisches Modell heute die Bielefelder Laborschule.
33. Für 2. Bielefelder Laborschule; für 3. Piaget – orientierte Schule (Lima 1983), für 3. das betriebliche Ausbildungswesen.
34. Pädagogische Differenzen finden sich z.B. für das entwicklungspädagogische Argument in den praktischen Modellen unterschiedlicher Entwicklungskonzepte: Piaget (Lima 1983, Furth 1974), Kulturstufentheorie (Ziller 1865, 427 f.), Steiner (Waldorfpädagogik), Montessori (Montessori – Kindergarten und –schule, Montessori 1977).
35. Vgl. Paschen 1979, 102
36. Sehr schön hat dies Turkle gezeigt.
37. Ohne Zweifel verstehen heute Kinder das Wesen einer geographischen Karte sehr viel früher als vor Jahrzehnten, vermutlich durch den Einfluß der Fernsehwetterkarten, während es früher Lernstoff in der Grundschule sein mußte.
38. Piaget hat ja meist schwer zu falsifizierende logische Folgen beschrieben, vgl. dagegen Riegel 1978.
39. Vgl. den in Oltmann 1982 berichteten psychiatrischen Fall einer langjährigen Therapie des basalen Naturverständnisses.
40. Dies gilt nicht für die körperliche Entwicklung. Für die Konstrukte einer

normalen Entwicklung aber vgl. die radikale Kritik durch die Theorie der aleatorischen Entwicklung von Gerken in Dollase 1985.
41. Psychologisch vgl. Ewert 1986, pädagogisch Paschen 1979,42
42. Vgl. Ewert 1986 (statt Verschwinden der Kindheit veränderte Kindheit), Paschen 1986 (Kindheit als regulative Idee)
43. Am genauesten läßt sich dies noch für die somatische und gesundheitliche Entwicklung diskutieren (vgl. z.B. Hörmann 1986, Zusammenfassung), speziell für die Beschleunigung der Entwicklung selbst (Akzeleration, Lit. ibid.)
44. Dollase 1986
45. Vgl. zur Zunahme von Behinderungen Bleidiek 1987, Rath 1985
46. Thematische Unterschiede haben dann keine Relevanz, wenn der geforderte Status des Phänomens (Modus der Reflexivität oder des praktischen oder theoretischen Verhaltens) das entscheidende Unterscheidungskriterium ist.

12. Kapitel

1. Diese regulativen Ideen des Pädagogischen liegen unterhalb Benners (Benner 1987) konstitutiven (Bildsamkeit, Aufforderung zur Selbständigkeit) und regulativen Prinzipien (Überführung gesellschaftlicher in pädagogische Determination, nicht – hierarchische Ordnung der menschlichen Gesamtpraxis), füllen diese aber dogmatisch aus, besonders über ihre wiederherzustellenden Verletzungen konstituieren sie Pädagogiken und regulieren ihr Verhältnis.
2. Vgl. Paschen 1986, 177
3. Am Beispiel des Computers kann man heute sehen, wie auch seine Propagierung für Kinder und deren oberflächliche Aneignung zur Akzeptanz bei den Erwachsenen beitragen bzw. sie selbstverständlicher erscheinen lassen.
4. Vgl. Ryle 1969
5. Hierzu müssen wir nicht nur die elementaren Bewegungsgestalten (Laufen, Schwimmen, Radfahren etc.), sondern auch die komplexeren (Sportarten, Musikinstrumente, Ballett etc.), aber auch die modernen, technischen Geräte und Maschinen (Computer, Hausgeräte, Werkzeugmaschinen etc.) rechnen, für die alle eine frühe Ausbildung als vorteilhaft gilt. Pädagogisch zu bedenken sind allerdings ihre Einflüsse auf die Entwicklung der "Beweglichkeit" im umfassenden Sinne, vgl. Paschen 1985a
6. Hierzu können wir alle elementaren, sozio–kulturell geprägten Verhaltensweisen (Sprachen, Stile, Rituale, Spielregeln, Haltungen) rechnen, aber auch spezielle Ausbildungen und Ausprägungen (Rollen, Identitäten), die zwar unumgänglich stattfinden, aber pädagogisch nicht auch alle favorisiert werden müssen. Pädagogisch problematisch erscheinen vor allem frühzeitige Fixierungen, die die Entwicklung gefährden (Vernachlässigung der Organausbildung), beeinträchtigen (Einseitigkeiten, Fremdbestimmungen) und verkürzen (zu frühe funktionale Inanspruchnahme der Performanz).

7. Hierzu können wir ganze Klassen von themenübergreifenden Orientierungen zählen, die affektive (Mut, Vertrauen, Wertauswahl etc.), soziale (Kontaktinteresse, Unterordnung, Parteilichkeit etc.) und kognitive (Sachlichkeit, Neugier, Stile etc.) Herangehensweisen charakterisieren und durch frühe Bedürfnisse, Vorbilder, Verstärkungen und Frustrationen manifest werden.
8. Von sozio−kulturellen Prägungen sprechen wir, um ihre frühe und langfristige Wirkung zu kennzeichnen, meinen dies aber keineswegs im tierverhaltenstheoretischen Sinne. Beim Menschen sind grundsätzlich Umorientierungen aufgrund von Erfahrungen, Lernprozessen und Entwicklungen, wenn auch mit erheblichem Aufwand, möglich.
9. Sie müssen sich aber nicht nur auf allgemein Bewährtes und Verbreitetes beziehen, sondern können im Hinblick auf die Zukunft auch auf weitere Verbreitung, Durchsetzung und Vorherrschaft einer Thematik bezogen sein.
10. Obwohl die Jüngeren, werden sie mentalitätshistorisch zu den Älteren (vgl. Kp. 2, Zitat zu Anm. 5; dieselbe Auffassung wird modern verschärft auf das Verhältnis zwischen Generationen innerhalb einer Epoche, vgl. Mead 1971, 27 ff.)
11. Vgl. z.B. Papert 1985
12. Vgl. Turkle 1984, Eurich 1985, Paschen 1985
13. Vgl. zur neueren Diskussion um Kindheit: BuE 39 (1986): Verschwinden der Kindheit
14. Vgl. Paschen 1979, 31
15. Vgl. Paschen 1986, 176
16. Vgl. Dollase 1986
17. Als Defizit−Symptom taucht zuerst die Akzeleration auf. Daneben stehen später Habitus−Defizite (Unsicherheit, Konzentrationsmangel, Unruhe, Gemeinschaftsschwäche, mangelnder Wirklichkeitskontakt), einseitige Orientierungen (technisches Denken, Verkümmerungen, Überfremdungen, Vereinheitlichungen) und Eindrücke von Ungeborgenheit (Heimatlosigkeit, Verlassenheit, Ungeliebtsein), Frühreife und ein mangelhaft entwickeltes Gefühlsleben. Als Ursachen tauchen fünf Komplexe auf: Moderne Zivilisation mit Technik, Automatisierung und Arbeitsteilung; Vorherrschen rationalen Denkens; Spezialisierung der Erziehung und Psychologisierung des Unterrichts; Nachlassen der Erziehung; Veränderung der Familie. Vgl. Paschen 1986, 174/5
18. Zum komplexen und bisher nur ansatzweise bearbeiteten Problem vgl. Rutter 1985 und Werner 1987. (Den Hinweis verdanke ich Herrn Dr. Bliesener vom SFB Prävention und Intervention Universität Bielefeld)

13. Kapitel

1. Oelkers 1983, 36

2. "Die schwerwiegendsten Fehler ... resultieren daraus, daß die instrumentalen Fähigkeiten, die erst ganz am Ende des Bildungsprozesses — am Arbeitsmarkt — verlangt werden, bereits in den Kleinkindern inkorporiert werden sollen." Heinsohn 1974, 112
3. "Wer allein auf diese Maßnahme vertraut, erklärt praktisch, es sei Sache der Kinder, mit dem fertig zu werden, was in der Gesellschaft nicht stimmt. Indem er unreflektiert die Folgelasten auf die Kinder verlagert, scheint er, dem Vorwurf entgehen zu können, er habe die Lösung der Schwierigkeiten nicht ernstlich in Angriff genommen. Es ist kein Wunder, daß die Zahl der verhaltensgestörten Kinder im Elementarbereich anwächst." Kupffer 1976, 131
4. Benner 1987, 103
5. Becker 1987, 498
6. In Anlehnung an die vom Geographen Carl Ritter eingeführte Darstellungsperspektive der Erde als Wohn— und Erziehungshaus der Völker
7. Dies hat als erste in unserem Jahrhundert Ellen Key 1902 gefordert
8. Becker 1987, 497 und 499
9. Vgl. Paschen 1979, 22

LITERATURVERZEICHNIS

Anyon, J. (1981): Elementary Schooling and Distinctions of Social Class. In: Interchange 12. 1981, No. 2–3, 118–132

Arbeitsgruppe Vorschulerziehung (1973): Anregungen I: Zur pädagogischen Arbeit im Kindergarten. München 1973

Arbeitsgruppe Vorschulerziehung (1978): Medienpädagogik im Kindergarten. München 1978

Aristoteles (1965): Aristoteles: Über die Erziehung, besorgt u. eingel. von G. Plamböck. Heidelberg 1965

Bambach, H. (1984): H. Bambach, S. Thurn: Alexander. In: Neue Sammlung 24 (1984), 572–597

Barry, V.C. (1984): Invitation to Critical Thinking. New York u.a. 1984

Basedow, J.B. (1965): Vorstellung an Menschenfreunde. In: ders.: Ausgewählte pädagogische Schriften; besorgt von A. Reble. Paderborn 1965

Becker, G. (1987): G. Becker, H.v. Hentig, J. Zimmer: Die Verantwortung der Christen für die Kinder und ihre Zukunft. In: NS 27(1987)4, 495–500

Bednarik, H. (1966): Die Lerngesellschaft. Wien 1966

Benedix, U.: U. Benedix, H.–H. Knütter: Ihr Kind morgen ein fanatischer Klassenkämpfer. Eigenverlag, Bonn, o.J.

Benne, K.D. (1967): Education for Tragedy. Essays in disenchanted hope for modern man. Lexington 1967

Benner, D. (1987): Allgemeine Pädagogik. Eine systematisch–problemgeschichtliche Einführung in die Grundstruktur pädagogischen Denkens und Handelns. Weinheim, München 1987

Berg, J.H. van d. (1960): Metabletica. Grundlagen einer historischen Psychologie. Göttingen 1960

Bernstein, B. (1972): Klassifikation und Lehrrahmen bei der schulischen Wissensvermittlung. In: ders.: Studien zur sprachlichen Sozialisation. Düsseldorf 1972, 292–324

Bernstein, B. (1972a): Soziale Schicht, Sprache und Sozialisation. In: ders.: Studien zur sprachlichen Sozialisation. Düsseldorf 1972, 256–278

Bertram, H. (1979): Moralerziehung – Erziehung zur Kooperation. Zur Bedeutung von Theorien moralischer Entwicklung für Bildungsprozesse. In: Zeitschrift für Pädagogik 25(1979)2, 529 ff.

Bigalke, H.G. (1968): Die Bedeutung der Mengenlehre im Mathematikunterricht der Eingangsstufe. In: MU 2, 1968

Blättner, F. (1959): Lehrjahre sind keine Herrenjahre. In: Pädagogische Wahrheiten und Halbwahrheiten kritisch beleuchtet. Festgabe für Wilhelm Flitner zum 70. Geburtstag, hrsg. von E. Spranger. Heidelberg 1959, 11–39

Blass, J.L. (1972): Pädagogische Theoriebildung bei Johann Friedrich Herbart. Meisenheim 1972

Bleidiek, U. (1987): Rahmenbedingungen für die soziale Integration Behinderter in die Bildungs– und Gesellschaftssysteme. Gutachten im Auftrage des Bundesministers für Bildung und Wissenschaft. Bonn 1987

Bott, G. (1970) (Hrsg.): Erziehung zum Ungehorsam. (Bericht Kinderladen Stuttgart) Frankfurt/M. 1970

Brehm, S.S. (1981): S.S. Brehm, S.M. Kasin, F.X. Gibbons (Hrsg.): Developmental Social Psychology: Theory and Research. New York 1981

Brezinka, W. (1974): Erziehung und Kulturrevolution. Die Pädagogik der Neuen Linken. München, Basel 1974; bes. 123–186

Bronfenbrenner, U. (1976): Erziehungssysteme – Kinder in den USA und der Sowjetunion, (am. 1970), Stuttgart 1976[2)]

Bruner, J.S. (1974): Entwurf einer Unterrichtstheorie. Sprache und Lernen, Bd. 5. Düsseldorf 1974 (am. 1965)

Burow, B. (1978): Legitimationsprobleme in der Auseinandersetzung mit erziehungswissenschaftlicher Argumentation. Dissertation Heidelberg 1978

Caldwell, R.M.: The Role Of Industry As It Relates To Computer Programs For Young Children. In: J.o. Children in Contemporary Society. Vol. 14. No. 1, Fall 1981

Campe, J.H. (1969): Über einige verkannte, wenigstens ungenützte Mittel zur Beförderung der Industrie, der Bevölkerung und des öffentlichen Wohlstandes. Quellenschriften zur Industrieschulbewegung. Bd. II, hrsg. von H.J. Heydorn und G. Koneffke. Frankfurt/M. 1969

Cherry, C. (1963): Kommunikationsforschung – eine neue Wissenschaft. Frankfurt 1963

Chrysostomos, J. (1968): Über Hoffart und Kindererziehung. Paderborn 1968

Cole, M. (1971): The Cultural Context of Learning and Thinking. London 1971

Comenius, A. (1960): Pampaedia, hrsg. von D. Tschizewskij, Heidelberg 1960

Correll, W. (1971) (Hrsg.): Lernen und Lehren im Vorschulalter. Donauwörth 1971(2)

Creutz, H. (1977): Haken krümmt man beizeiten. München 1977

Cube, F.v. (1986): F. von Cube, D. Alshuth: Fordern statt Verwöhnen. Die Erkenntnisse der Verhaltensbiologie in Erziehung und Führung. München 1986

Czwalina, C. (1968) (Hrsg.): Die Leibesübungen der 6– bis 10–jährigen. Hamburg 1968

Dennerlein, H. (1973): Vorschulerziehung. Handbuch der Frühpädagogik. Tübingen 1973

Denscombe, M. (1985): Classroom Control. A Sociological Perspective. London u.a. 1985

Deutscher Bildungsrat (1971): Strukturplan für das Bildungswesen 1971(3)

Dewey, J. (1949): Common Sense and Science. In: Dewey, Bentley: Knowing and the Known. Boston 1949, 270–286

Dewey, J. (1949a): Demokratie und Erziehung. (am. 1915) Braunschweig 1949

Diesterweg, F.A. (1956): Der Gehorsam — Der Jugend höchste Tugend. In: Ders.: Sämtliche Werke, 1. Abt., 1. Bd., Berlin (Ost) 1956, 335—340

Dinter, F.G. (1889): Wie kann man das Volk zur Annahme des Besseren geneigt machen? In: Ders.: Ausgewählte Schriften, hrsg. von F. Mann, Langensalza 1889

Dollase, R. (1984): Grenzen der Erziehung. Düsseldorf 1984

Dollase, R. (1985): Entwicklung und Erziehung. Angewandte Entwicklungspsychologie für Pädagogen. Stuttgart 1985

Dollase, R. (1986): Sind Kinder heute anders als früher? Probleme und Ergebnisse von Zeitwandelstudien. In: BuE 39(1986)2, 133—147

Dräger, H. (1976): Schulbildung — unter Aspekten der Erwachsenenbildung. In: WPB 28(1976)2, 64—72

Drerup, H. (1987): Wissenschaftliche Erkenntnis und gesellschaftliche Praxis. Anwendungsprobleme der Erziehungswissenschaft in unterschiedlichen Praxisfeldern. Weinheim 1987

Eisermann, W. (1972): Genese und Dialektik der antiautoritären Schulerziehung. In: Pädagogischer Fortschritt? Hrsg. von J. Flügge. Bad Heilbrunn 1972

Eurich, C. (1985): Computerkinder. Wie die Computer das Kindsein zerstören. Reinbek 1985

Ewert, O. (1986): Einige Nachgedanken zum Verschwinden der Kindheit. In: BuE 39 (1986), 127—132

Farson, R. (1975): Menschenrechte für Kinder — Die letzte Minderheit. (am. 1974) München 1975

Feitelson (1982): Feitelson, Tehori, Levinberg—Green: How Effective is Early Instruction in Reading? Experimental Evidence. In: Merrill Palmer Quarterly 28, 1982, No. 4, 485—494

Fénelon, F. (1956): Über die Erziehung der Mädchen. Hrsg. von J. Esterhas. Paderborn 1956

Fettermann, J.J. (1981): The Impact of Technology on the Ethical Development of Children. In: J. of Children in Contemporary Society. Vol. 14(1) Fall 1981, 23−27

Fitzgibbons, R.E. (1981): Making Educational Decisions. New York 1981

Francke, A.H. (1964): Von der Erziehung der Jugend; Vorrede zu Fénelons Tractätlein von der Erziehung der Töchter (1698) und: Kurzer und einfältiger Unterricht (1702). In: Ders.: Pädagogische Schriften, besorgt von H. Lorenzen. Paderborn 1964(2)

Freitag, H. (1988): H. Freitag, H. Paschen: LOGO−Anwendungen in deutschen Schulen. Forschungsbericht Universität Bielefeld 1988

Fuchs (1986): Fuchs, Eisenberg, Hertz−Lazarowitz, Sharabanny: Kibbutz, Israeli City, and American Children's Moral Reasoning About Prosocial Moral Conflicts. In: Merril Palmer Quarterly 32, No. 1, Jan. 1986, 37−50

Furth, H.G. (1974): H.G. Furth, H. Wachs: Thinking Goes to School. New York 1974

Gniech, G. (1984): G. Gniech, H.−J. Grabitz: Freiheitseinengung und psychologische Reaktanz. In: D. Frey, M. Irle: Theorien der Sozialpsychologie. Bd. 1, Bern 1984, 48−73

Grewendorf, G. (1975): Argumentation und Interpretation. Wissenschaftstheoretische Untersuchungen am Beispiel germanistischer Lyrikinterpretationen. Kronberg 1975

Habermas, J. (1981): Theorie des kommunikativen Handelns. Frankfurt/M. 1981

Heinsohn, G. (1974): Vorschulerziehung in der bürgerlichen Gesellschaft. Aktualisierte und erweiterte Ausgabe. Frankfurt 1974

Hentig, H.v. (1982): Die Rehabilitierung der Erfahrung in der Pädagogik. In: Ders.: Erkennen durch Handeln. Stuttgart 1982, 11 ff.

Hentig, H.v. (1985): Wie frei sind freie Schulen? Stuttgart 1985, 4.2.2: Meine Beobachtungen

Herbart, J.F. (1913): Pädagogische Schriften, hrsg. von Wiltmann/Fritsch. 1. Bd., Leipzig 1913

Herrmann, Th. (1972): Th. Herrmann, A. Stapf: Aus Kindern werden Leute. München 1972

Hetzer, H. (1968): Das Frühlesen. In: NS 8(1968), 195–209

Heuer, G. (1976): Zur Diskrepanz zwischen Anspruch und Wirklichkeit der Pädagogik im Strafvollzug – dargestellt am Fall Karl–Heinz G., Dissertation Kiel 1976

Hielscher, H. (1974) (Hrsg.): Materialien zur sozialen Erziehung im Kindesalter. Heidelberg 1974

Hiller, G.G. (1973): Konstruktive Didaktik. Düsseldorf 1973

Hörmann, G. (1986): Zur gesundheitlichen Situation von Kindern. In: BuE 39(1986)2, 197–215

Kagan, J. (1987): Die Natur des Kindes. (am. 1984) München 1987

Key, E. (1902): Das Jahrhundert des Kindes. Berlin 1902^2

Klein, M. (1985): M. Klein, H. Paschen: Kind und Computerlernen. Analysen von Argumentationen zum Computerlernen. Forschungsbericht der Universität Bielefeld 1985

Kliewer, M. (1986): Verschwindende Kindheit – Behindertes Kindsein. In: BuE 39(1986)2, 183–196

Klimm, H. (1974): Betrachtungen zum Heilpädagogischen Kurs von R. Steiner. In: Zum Heilpädagogischen Kurs Rudolf Steiners, hrsg. von G. v. Arnim u.a. Stuttgart 1974

Kohlberg, L. (1985) et.al.: The Kibbutz as a Model for Moral Education: A Longitudinal Cross–Cultural Study. In: J. of Appl. Developmental Psych. 6. 1985, 151–172

Korczak, J. (1972): Wie man ein Kind lieben soll. Göttingen 1972(3)

Künzli, R. (1985): Ort und Leistung der Metapher im pädagogischen Verständigungsprozeß. In: J. Petersen (Hrsg.): Sprache zwischen den Generationen (Festschrift Priesemann). Kiel 1985, 355–372

Künzli, R. (1987): Topik des Lehrplandenkens II. Kiel 1987

Künzli, R. (1987a): Vergewöhnlichung des Neuen. Ein Beitrag zur Relationierung pädagogischer Wissensformen und zur Rehabilitierung von Common sense und Rhetorik im pädagogischen Diskurs. Manuskript Kiel 1987, vorgetragen KfW–Tagung Bayreuth 1987

Kupffer, H. (1976): Das Kind in der öffentlichen Erziehung. In: v. Braunmühl, Kupffer, Ostermeyer: Die Gleichberechtigung des Kindes. Frankfurt/M. 1976, 111–170

Lambert, K. (1980): K. Lambert, W. Ulrich: The Nature of Argument. New York 1980

Langer, S.K. (1965): Philosophie auf neuem Wege. Das Symbol im Denken, im Ritus und in der Kunst. o.O. 1965

Leonhard, G. (1968): Education and Ecstasy, New York 1968

Levi–Shiff, R. (1983): Adaption and Competence in Early Childhood: Communally Raised Kibbutz Children versus Family Raised Children in the City. In: Child Development 54. 1983, 1606–1614

Lima, O.d.O. (1983): Uma Escola Piagetiana. Rio de Janeiro 1983

Loch, W. (1979): Curriculare Kompetenz und pädagogische Paradigmen. In: BuE 32(1979), 24 ff.

Lückert, H.–R. (1970) (Hrsg.): Das Kind in der Lerngesellschaft. Köln 1970

Makarenko, A.S. (1972): Ein Buch für Eltern. Berlin (Ost) 1972

McNeil, L.M. (1981): On the possibility of teachers on the source of an emancipatory pedagogy: a response to Henry Giroux. In: Curriculum Inquiry 11. 1981, 205–210

Mead, M. (1971): Der Konflikt der Generationen. Olten, Freiburg 1971

Meyer, H. (1968): Der unkritische Gebrauch des Verfrühungsbegriffs als didaktisches Problem. In: BuE 21(1968)1, 1–8

Mietz, Ch. (1986): Analyse pädagogischer Argumentationen zu gesellschaftlich aktuellen Unterrichtsinhalten. Staatsexamensarbeit Bielefeld 1986

Mollenhauer, K. (1967): Anpassung. In: A. Flitner, H. Scheuerl (Hrsg.): Einführung in pädagogisches Sehen und Denken. München 1967, 270–281

Montessori, M.M. (1977): Erziehung zum Menschen. Montessori Pädagogik heute. (am. 1976) München 1977

Nyssen, F. (1970): Kinder und Politik. In: betrifft:erziehung 1970, 1

Oelkers, J. (1983): Neue Welt und altes Denken? Zur Argumentationsstruktur im Lernbericht des Club of Rome. Arbeitspapier Bielefeld 1983

Oelkers, J. (1983a): Rousseau und die Entwicklung des Unwahrscheinlichen im pädagogischen Denken. In: ZfP 28(1983), 801–816

Oest, J.F. (1787): Wie man Kinder und junge Leute vor dem Leib und Seele verwüstenden Laster der Unzucht .... In: J.H. Campe (Hrsg.): Revisionswerk, Bd. 6. Wolfenbüttel 1787, Neudruck Vaduz 1979

Olk, Th. (1986): Abschied vom Experten. Sozialarbeit auf dem Weg zu einer alternativen Professionalität. Weinheim und München 1986

Oltmann, O. (1982): Bildhafte Naturbetrachtung. Zum Biologie–Unterricht an Waldorfschulen. In: BuE 35(1982)2, 152–167

Papert, S. (1985): Gedankenblitze. Reinbek 1985 (Mindstorms. New York 1980)

Paschen, H. (1969): Pädagogik und Sprache. Umrisse einer strukturalen Erziehungswissenschaft. In: BuE 22(1969)5

Paschen, H. (1979): Logik der Erziehungswissenschaft. Düsseldorf 1979

Paschen, H. (1981): Systematik der Erziehungswissenschaft. In: BuE (1981)1, 20–34

Paschen, H. (1982): Ästhetische Erziehung als Prinzip. In: BuE 35(1982)2, 180–193

Paschen, H. (1985): Computer–Pädagogik. RUN, GOTO, GOODBYE. In:

Unterricht: Sprache zwischen den Generationen, hrsg. von J. Petersen (Festschrift Priesemann) Kiel 1985, 205–222

Paschen, H. (1985a): Was die Pädagogik bewegt. In: Forum Kunstpädagogik (Festschrift Klettke), hrsg. von F. Menzer. Baltmannsweiler 1985, 183–193

Paschen, H. (1986): Kind(heit) als pädagogisches Argument. In: BuE 39(1986), 165–181

Pausewang, G. (1983): Die letzten Kinder von Schewenborn oder sieht so unsere Zukunft aus? Hrsg. v. E. Raabe, Ravensburg (Junge Reihe) 1983

Peccei, A. (1983) (Hrsg.): Zukunftschance Lernen. Bericht Club of Rome. München 1983(3)

Pestalozzi, H. (1945): Brief an N.E. Tscharner über die Erziehung der armen Landjugend. In: Ders.: Gesammelte Werke, Bd. 7, hrsg. von E. Bosshart et.al., Zürich 1945

Pestalozzi, H. (1979): Auswahl aus meinen Schriften 2. Hrsg. und komm. von A. Brühlmeier. Bern, Stuttgart 1979

Piaget, J. (1971): J. Piaget, B. Inhelder u.a.: Die Entwicklung des räumlichen Denkens beim Kinde. Stuttgart 1971

Pöggeler, F. (1969): Bildung für eine neue Welt. In: M. Huda: Menschlicher Fortschritt – wohin? Zukunft, Fortschritt, Menschlichkeit – im Auftrag der Christen. Düsseldorf 1969

Pot, J.H.J. van der (1985): Die Bewertung des technischen Fortschritts. Eine systematische Übersicht der Theorien. Bd. 1–2. Assen 1985

Prange, K. (1983): Argumentation für die Friedenserziehung. Arbeitsvorlage für die Sitzung der AFW 1983 in Bielefeld

Prange, K. (1983a): Erziehung zur Anthroposophie. Darstellung und Kritik der Waldorfpädagogik. Bad Heilbrunn 1983a

Quintilian (1971): Erziehung zum Redner. Zitiert nach: A. Reble (Hrsg.): Geschichte der Pädagogik. Bd. 1. Stuttgart 1971

Rath, W. (1985): Systematik und Statistik von Behinderungen. In: U. Bleidiek: Theorie der Behindertenpädagogik. Bd. 1 des Handbuchs der Sonderpädagogik. Berlin 1985, 25–47

Rawitsch, D.G. (1981): Implanting the Computer in the Classroom. In: Phi Delta Kappan Feb. 1981

Riegel, K.F. (1978): Psychology, mon amour. Boston 1978

Ritter, C. (1834): Die Erdkunde im Verhältnis zur Natur und zur Geschichte des Menschen. Berlin 1934²

Ritter, J. (1972): Fortschritt. In: Historisches Wörterbuch der Philosophie, hrsg. von J. Ritter. Bd. 2. Basel 1972

Rochow, F.E.v. (1962): Vom Nationalcharakter durch Volksschulen. In: Schriften zur Volksschule von F.E. von Rochow, hrsg. von R. Lochner. Bad Heilbrunn 1962

Röhrs, H. (1984): Friede – eine pädagogische Aufgabe. In: Schlenke, Matz (Hrsg.): Frieden und Friedenserziehung in Vergangenheit und Gegenwart. München 1984

Rohwer, W. (1971): Prime Time for Education: Early Childhood or Adolescence. In: HER 1971,3, 316–341

Rolff, H.G. (1984): Leben und Lernen in der Schule unter den Bedingungen neuer Informationstechniken. In: O. Ulrich (Hrsg.): Die Informationsgesellschaft als Herausforderung an den Menschen. Frankfurt/M. 1984

Rolff, H.G. (1985): H.G. Rolff, P. Zimmermann: Kindheit im Wandel. Weinheim 1985

Rousseau, J.J. (1981): Emile oder über die Erziehung. Paderborn 1981⁵

Royce, J.M. (1983) et.al.: Pooled Analyses: Findings Across Studies. In: As the Twig is Bent...Lasting Effects of Preschool Programs. Hillsdale 1983, 411–459

Rutter, M. (1985): Resilience in the Face of Adversity. In: British J. of Psychiatry 1985, 147, 598–611

Ryle, G. (1969): Der Begriff des Geistes. Stuttgart 1969

Salzmann, C.G. (1875): Noch etwas über die Erziehung. Hrsg. von K. Richter. Leipzig 1875(3)

Savigny, E.v. (1976): Argumentation in der Literaturwissenschaft. München 1976

Savigny, E.v. (1976a): Implizit geltende Regeln für Diskussionen über heterogener Basis. In: E.v. Savigny 1976, 13 ff.

Schellens, P.J. (1985): Redelijke Argumenten. Utrecht 1985

Scheuerl, H. (1979): Zur Frage der Begründung pädagogischer Entscheidungen. In: H. Röhrs (Hrsg.): Die Erziehungswissenschaft und die Pluralität ihrer Konzepte. Festschrift W. Flitner. Wiesbaden 1979

Schoele, J. (1978): J. Schoele, I. Verleger, E. Wolczak: Vorschulerziehung – Kollektiverziehung. Voraussetzungen für die Durchführbarkeit von vorschulischer Kollektiverziehung in der Bundesrepublik. (Monographien Pädagogik, Bd. 25) Königstein 1978

Schweinhart, L.J. (1986): What Do We Know So Far? A Review of the Head Start Synthesis Project. In: Young Children 41, Jan. 1986, 49–55 (Rezension von: R.H. McKey: The impact of Head Start on Children, families, and communities; 1985 – Abschlußbericht des Head Start Evaluation, Synthesis and Utilization Project)

Schwenk, B. (1983): Erziehung. In: Enzyklopädie Erziehungswissenschaft. Bd. 1, hrsg. von D. Lenzen. Stuttgart 1983, 386–394

Segal, M. (1965): Fundamental Concepts, Theory and Aims of Kibbutz Education. In: P.B. Neubauer (Hrsg.): Children in Collectives. Springfield, USA 1965, 3–20

Struck, G. (1977): Zur Theorie juristischer Argumentation. Berlin 1977

Tausch, A–M. (1975): A–M. Tausch et al.: Das Helferspiel. Ravensburg 1975

Tenorth, H.–E. (1987): Dogmatik als Wissenschaft – Überlegungen zum Status und zur Funktionsweise pädagogischer Argumente. In: Theorie als Passion. Niklas Luhmann zum 60.Geburtstag, hrsg. von D. Baecker u.a. Frankfurt/M. 1981

Toulmin, St. (1975): Der Gebrauch von Argumenten. Kronberg 1975

Turkle, Sh. (1984): Die Wunschmaschine. Reinbek 1984

Viehweg, Th. (1974): Topik und Jurisprudenz. München 1974[5]

Wask, W. (1986): Arbeitserziehung — Erziehung zur Arbeit. Die Bedeutung der Arbeit im Erziehungssystem des Kibbutz. Diplomarbeit Bielefeld 1986

Weber, H. (1979): Mut zur Phantasie. Reinbek 1979

Weinert, F.E. (1986): Psychologische Probleme der Vorschulerziehung. In: D. Brinkmann (Hrsg.): Pädagogische Texte II, Entwicklung und Sozialisation. Stuttgart 1986(2), 217—224

Weizenbaum, J. (1977): Die Macht der Computer und die Ohnmacht der Vernunft. (am. 1976) Frankfurt/M. 1977

Werder, L.v. (1972): Von der antiautoritären zur proletarischen Erziehung. Frankfurt/M. 1972

Werner, E.E. (1987): Vulnerability and Resilience: A Longitudinal Perspective. Ms.: Invited Lecture at the Second Internationsl Syposium on "Prevention and Intervention in Childhood and Youth. Conceptual and Methodological Issues." Universität Bielefeld, 29. September 1987

Wigger, L. (1988): Tradition als Argument. In: BuE 41(1988)4

Willis, P.E. (1977): Learning to Labor. How working class kids get working class jobs. London 1977

Witschel, G. (1973): Die Erziehungslehre der kritischen Theorie. Darstellung und Kritik. Bonn 1973

Wulf, Ch. (1985): Fortschritt als pädagogischer Mythos. In: Ch. Wulf in Zusammenarbeit mit T. Schoefthaler (Hrsg.): Im Schatten des Fortschritts. Saarbrükken 1985, 13—26

Wulf, Ch. (1986): Der pädagogische Diskurs der Moderne. In: Th. Jung u.a. (Hrsg.): Vom Weiterlesen der Moderne. Bielefeld 1986

Zeidler, K. (1985): Die Wiederentdeckung der Grenze. Beiträge zur Formgebung der werdenden Schule (1925). Kommentar und pragmatische Bibliographie von U. Sandfuchs. Hildesheim, New York 1985

Ziehen, Th. (1920): Lehrbuch der Logik auf positivistischer Grundlage mit Berücksichtigung der Geschichte der Logik. Repr. d. Ausgabe Bonn 1920. Berlin, New York 1974

Ziller, T. (1865): Grundlegung zur Lehre vom erziehenden Unterricht. Nach ihrer wissenschaftlichen und praktisch reformatorischen Seite entwickelt. Leipzig 1865, 427 f.